梅子と旅する。

―日本の女子教育のパイオニア―

はじめに

日本の女子高等教育のパイオニア津田梅子。梅子は六歳で、岩倉使節団と共に渡米します。「女に教育はいらない」とされる時代、スタートしたばかりの明治政府に翻弄されながらも信念を貫き、現代の津田塾大学の前身である「女子英学塾」を創立。

今、日本の女性たちがさまざまなシーンで活躍し、発言・発信できるのも梅子や、たくさんの逆風を乗り越えて生きた女性たちの確かな足跡があったからです。

アメリカ行きから始まった梅子の人生は、どんな旅路をたどったのでしょう。

フォレストブックス編集室

2度目の留学（1889年）、
ブリンマー大学入学の頃の梅子
（写真：Wikimedia Commons）

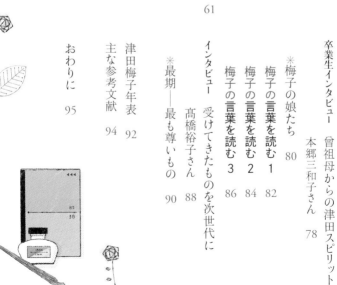

留学中の梅子 (11歳)。フィラデルフィアにて
(津田塾大学津田梅子資料室所蔵)

1章

旅の始まり。

津田梅子 (1864 ~ 1929)

津田梅子は幕末の1864（元治元）年12月、江戸牛込南御徒町《うしごめみなみおかちまち》（現・東京都新宿区）に、幕府の外国奉行所の通弁（通訳）である津田仙《せん》と妻・初子の次女として生まれました。梅子は自分の生涯を、「不思議な運命（strange fortune）」に導かれたと語っています。

日本で最初の女子留学生５人のうちの１人となった梅子は、自分の背負っている使命感と、日本の未来のために役立ちたいという希望を抱いて1882（明治15）年に帰国。自国の異文化に戸惑いながらも女子教育の現場に立ちます。けれども、当時の日本の女子教育は、良妻賢母になるための教養を身に着けることが主な目的でした。

やがて、女性の真の自立を目指すため、女子教育に仕えたいという志が与えられます。そのヴィジョンを実現するため３年間の再留学。そして、初めの帰国から18年後の1900（明治33）年、「男性と協同して対等に力を発揮できる女性の育成」を掲げ、国内外多くの協力を得て私塾「女子英学塾」（後の津田塾大学）を開校します。

女性の地位向上こそ日本の発展につながる……そのためには専門知識を学ぶだけでなく、人間として女性としてオールラウンド（all-round）でなければならない……梅子の言葉と信念は現在も津田塾大学の教育精神として受け継がれ、多くの優れた人材を送り出しています。

女子英学塾開学当時の肖像
（津田塾大学津田梅子資料室所蔵）

現在の横浜港付近。当時は大桟橋もなく、1859 年の開港時に造られた象の鼻桟橋（写真中央）から小舟で沖に出て大型船に乗り換えた。

旅は横浜から始まった

十七歳の津田梅子は、高鳴る胸のときめきとともに横浜の港に降り立ちました。夢にまで見た母国日本、これからどんな人生が始まるのかしら……。約十一年間の留学を終えた梅子が帰国第一歩をしるしたのは、一八八二（明治15）年十一月二十一日（新暦／以下同様）朝のことでした。

思えば十一年前の十二月。七歳になる直前の梅子は、この同じ埠頭《ふとう》から、未知の国アメリカを目指して日本を出発したのです。一八七一（明治4）年、明治政府が派遣した岩倉使節団と随行する留学生など総勢百七名の中に、梅子を含む五人の少女たちがいました。幼かった梅子も、その時の港のにぎわいをおぼろげに覚えていたそうです。

当時の横浜港の様子は、今のおしゃれなみなとみらい地区からは想像もできません。

梅子の生まれた時代

梅子が生まれたのは、江戸時代末期の一八六四（元治元）年十二月三十一日。数年後の大政奉還や明治維新に向けて、日本が大騒ぎしていた頃です。わかりやすく言うなら、ペリーの黒船来航の約十年後であり、あの坂本龍馬がまだ生きていて東奔西走していた時代。

江戸末期の市ヶ谷牛込絵図
（国立国会図書館デジタルコレクション）

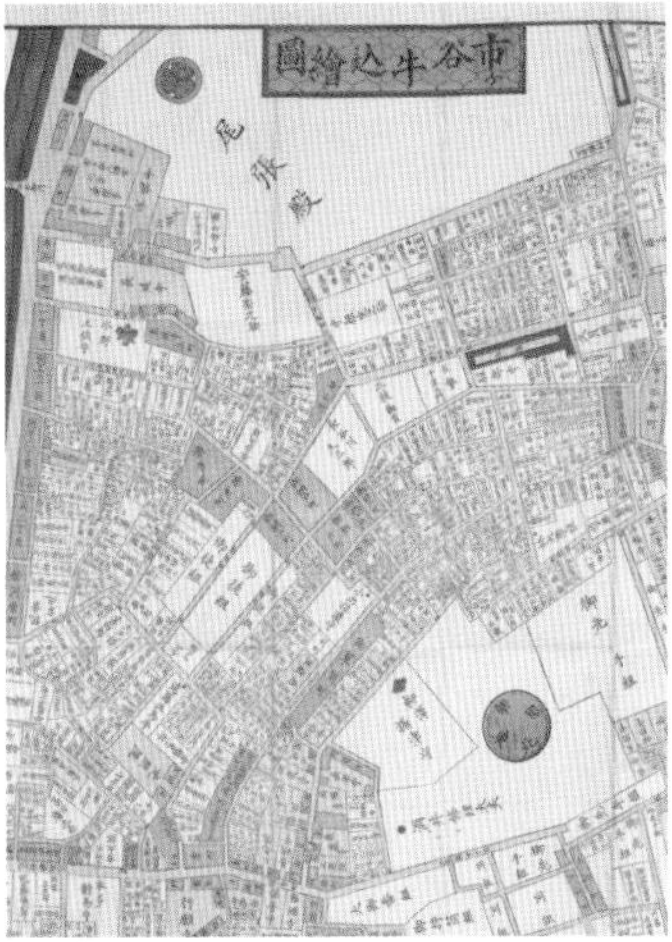

そんな時代に、梅子は江戸牛込南御徒町《うしごめみなみおかちまち》、現在の東京・新宿区南町で誕生します。近年は外国人もたくさん住んでいて、若い人にも人気の神楽坂《かぐらざか》や、春になると桜の名所で有名な皇居の外堀が徒歩圏内です。当然のことながら、近隣を散策しても、急な坂や階段のある地形以外、当時をしのべる物は何もありません。ただ、古い地図にある牛込、神楽坂、牛込箪笥《たんす》、払方町《はらいかた》、鷹匠町《たかじょう》など、今も幾つもの地名をたどれるのは、地図マニアにはうれしいかもしれません。

この牛込南御徒町は、父の仙が養子に入った妻・初子の実家です。津田家は徳川御三家の一つ、田安家の家臣でした。下級武士でも、何か事が起きた時はすぐに城に駆け付けられるエリアに住んでいたわけです。

この仙が若い頃にリアル黒船を見たことが、十年後に誕生した梅子がやがてアメリカに旅立つことにつながっていくのです。

父・仙と梅子

梅子の留学時代や生涯をたどるには、まず、父・津田仙を語らないわけにはいきません。あの時代にこんな自由な人がいたのかと思うほど、仙の人生はユニークで変化に富んでいます。逆に、あの時代だからこそとも言えるでしょう。

仙は一八三七（天保8）年、下総国《しもうさのくに》佐倉藩（現・千葉県佐倉市）の勘定方の家に生まれました。八歳から藩校で学んだ仙は武術に秀で、その後は歴史書・漢書・洋兵学、蘭学や和蘭《オランダ》語など、広く学んでいきました。

一八五三（嘉永6）年、十六歳の時、ペリー率いる黒船艦隊*がアメリカからやって来たのです。仙も、江戸湾防衛に佐倉藩の砲術隊の一人として動員されます。目の当たりにした黒船のあまりの迫力に、若い仙の驚きようといったらありませんでした。

翌年には日米和親条約が、一八五八（安

＊一般に言うペリー黒船来航は1853年7月と1854年2月の2回

左：梅子と母・初子　右：生後４か月の赤ん坊の梅子を抱く仙
（津田塾大学津田梅子資料室所蔵）

政５）年には日米修好通商条約が締結されると、日本はいよいよ鎖国時代に幕を閉じ、新しい世界へと大きく舵を切ります。好奇心旺盛で先見の明のあった仙。「これからは英語だ！」と見極め、開港したばかりの横浜に出て英語に磨きをかけました。

外国奉行所の通訳者として仙は、一八六七（慶応３）年、福沢諭吉らと共にアメリカに派遣され半年を過ごします。アメリカの自由で平等な市民生活、日本とはあまりにも違う女性たちの自由闊達《かったつ》な様子に触れ、考え方が変わっていきました。

この時の面白いエピソードが残っています。仙は、武士のシンボルとも言えるちょんまげを切り取り、日本の留守宅に送りつけたのです。散髪脱刀令より前のこと、家族は驚愕しました。当時三歳の梅子もその場にいたに違いありません。利発な梅子はどんな思いでそれを見たのでしょうか。

梅子六歳、私が行く！

梅子が満四歳になる年に明治となり、仙は武士から一般市民（平民）になりました。するると、得意の英語を活かして外国人向けホテル「築地ホテル館」に勤務。その経験からイチゴやアスパラガス、ブロッコリー他の西洋野菜を日本で初めて栽培し、農業者・農学者としての道を歩み始めます。やがて、ワインの醸造や街路樹の導入、通信販売の開始など、仙の斬新なアイデアは文明開化の波にも乗って次々に形になっていくのです。

さて、一八七一（明治４）年、仙は政府管轄下の「北海道開拓使」の嘱託となります。そこで、アメリカ視察から帰国した黒田清隆次官が政府に提出した意見書により、日本初の女子留学生が募集されることを知りました。黒田は、アメリカで女性の地位の高さに驚いたのですが、この時の女子留学の目的は、有能な人材――日本男児を育てる「賢い母」の育成だったようです。

新し物好きでアメリカを知る仙は、早速わが娘を……と、養子に出していた長女の琴子に打診しますが、琴子は当然、拒否。そこで、まだ六歳だった次女・梅子に話が回ってきたのです。

梅子が誕生した時は、「また女の子か！」と不満たらたらで、名前も考えなかったという仙。仕方なく産後まもない初子が、枕元に咲いていた盆栽の梅の花を見て「むめ（梅）」と名付けたとか。しかし仙は、成長する梅子の賢さを見抜いてか、四歳になる前に初子に、「お梅には読物初めさせ」「毎朝夕時刻を定め、御教へ下されたく……」と旅先から手紙を書いたほどです。

仙は、長女に断られたから次女にと単純に考えたわけではなく、梅子なら、このとんでもないプランを受け止められると、確信があったのではないでしょうか。

それにしても十月の募集で、出発は十二月、なんと慌ただしいこと。夫の決断に従う時代とはいえ、母・初子は、どんな思いで幼い娘の旅支度をしたのでしょう。

「アメリカに行く!」、そう決めた梅子は、当時住まいのあった東京・三田綱坂町から、麻布にあった父の農場に毎日のように通い、飽きることなく野菜や果物畑を見ながらその日を待ちました。

横浜港から出発時に梅子が着ていたといわれる小袖。200年ほど前に作られたものだが、朱色の地に鶴亀、花の刺繍が施された華やかなもので、できるだけの支度をという仙と初子の親心がしのばれる。2023年、女子美術大学の全面協力により修復が完了した。(写真上:津田塾大学津田梅子資料室所蔵/下:津田塾大学提供)

五人の女子留学生

岩倉使節団と一緒に渡米した、日本初の官費（国費）女子留学生は次のメンバーです。吉益亮子《よしますりょうこ》（14）、上田貞子《うえだていこ》（14）、山川《やまかわ》捨松《すてまつ》（11）、永井繁子《ながいしげこ》（8）、そして最年少の津田梅子（6）。いずれも乗船した時の満年齢なので、彼女たちの幼さに驚きます。さらには、この留学期間十年というプロジェクトが、どれほど冒険に満ちた試みであったかがわかります。

五人の共通点は、士族（幕臣）の出身だったこと、親兄弟に外務省関係者や、海外渡航経験者がいたこと。明治維新で武士の世は終わりを告げたけれども、彼女たちは、天下国家を論じ、外交事情に明るい、そういった周囲の空気を当たり前に吸って育つ家庭環境にいたことが想像できます。

出発に先立って五人の少女たちは、皇后に拝謁《はいえつ》しました。梅子は、御簾《みす》越しではあったけれど「聖なる方」に会ったと記しています。

1872年1月、サンフランシスコ到着直後の岩倉使節団の面々。左から木戸孝允、山口尚芳、岩倉具視、伊藤博文、大久保利通。（写真：Wikimedia Commons）

【岩倉使節団】明治新政府から派遣された岩倉使節団は1871年12月から1873年9月まで、アメリカ、イギリス、フランス、ドイツ、ロシア、イタリアなど12か国を歴訪。主要目的は、幕末に江戸幕府が締結した安政五カ国条約の不平等条約改正の交渉と各国の文物の視察・調査・観光。

皇后謁見後に撮影した記念写真。左から上田貞子、永井繁子、山川捨松、津田梅子、吉益亮子。（津田塾大学津田梅子資料室所蔵）

「アメリカ留学――津田梅子」
守屋多々志作　屏風絵

1872年1月15日、
5人の女子留学生がアメリカ大陸に到着する朝の様子が描かれている。
少女たちが見つめる先はサンフランシスコ。
甲板の欄干に登って身を乗り出している小さな女の子が梅子。
この美しい屏風絵は、津田塾大学小平キャンパス5号館に飾られている。

2章

梅子の留学生時代。

おいおい、
あんな小さい
子がいるよ
母親は
鬼だね〜

アメリカ号で日本出発

梅子たち五人の女子留学生が出発したのは、一八七一（明治４）年十二月二十三日。日本に鉄道が開通したのは翌年だったので、梅子は仙に伴われて、二十キロ以上の道を馬車で横浜まで行ったのです。

横浜の港を出航する時、大勢の見送り人の中から、「あんな小さな子をアメリカに出すなんて、母親は鬼だね」という声が聞こえたとか。アメリカで出迎えた駐米少弁務使で女子留学生の担当だった森有礼《ありのり》（後の初代文部大臣）も、梅子を見て「こんな幼い子《ベイビー》を送ってきて、どうすればいいんだ」と驚いたそうです。

さて、岩倉使節団一行はそれぞれ艀《はしけ》（小舟）に分乗し、沖で待つ太平洋汽船会社の郵便船アメリカ号に乗り換えました。当時としては世界最大級の四千五百トンで、船内の設備もそれなりに豪華でした。

「出航の日は驚くような晴天。自分の国

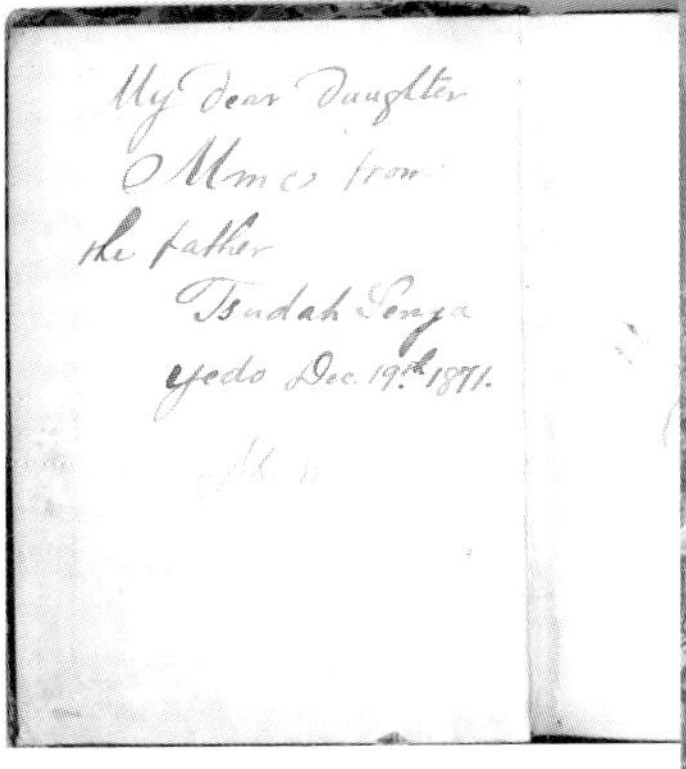

写真は梅子に持たせた『英和小辞典』表紙裏の仙のサイン。「My dear daughter Mme from the father Tsudah Senya,yedo,Dec.19th,1871」（津田塾大学津田梅子資料室所蔵）

シカゴで買った洋服を着ての記念撮影。右から２人目が梅子。（津田塾大学津田梅子資料室所蔵）

が見えなくなっていくのはなんて胸がドキドキしたことでしょう」＊

初めての外国航路。ひどい船酔いと口に合わない食事、見たこともない大きな体の外国人船員たち。世話係のミセス・ディロングとは言葉も通じません。同船の日本人も知らない男の人ばかりで、五人は部屋にこもって耐えていました。とはいっても好奇心には勝てず、「気分が良い時にはみんなで船内探検を楽しんでいた」と、梅子は後に記しています。お姉さんたちの後を、小さな梅子がちょこちょこと付いて回る姿が目に浮かぶようです。

仙が持たせてくれた赤いショール、二冊の辞書（『英語入門書』『英和小辞典』）、人形や遊び道具、そして一枚の家族写真と共に、未来への旅の第一歩が始まったのです。太平洋を越えてアメリカ・サンフランシスコまで、二十三日間の航海でした。

＊梅子の英作文　『津田梅子文書』より

ホストファミリー ランマン家

梅子たちがサンフランシスコに着いたのは、年が明けて一八七二年一月十五日。梅子は船の上で七歳になっていました。

サンフランシスコでは雪で半月ほど足止めされた後、いよいよ首都ワシントンに向けて出発。列車でのアメリカ大陸横断中にも大雪に見舞われ、シカゴ経由でワシントンに着いたのは、二月も末になっていました。横浜を出てから七〇日です。

梅子は、サンフランシスコやシカゴで、着物姿の自分たちが異様に珍しがられたこと、ホテルで怖い思いをしたこと、初めて見た黒人に驚いたことなどを作文に残しています。

ワシントンで、五人はいったん日本弁務使館（現在の大使館）の書記官チャールズ・ランマン宅や近くの家に預けられます。五月になると、森少弁務使は一軒家を借りて少女たちを住まわせ、家庭教師をつけて勉強をスタートさせました。

しかし、五人一緒では日常会話が日本語になり、留学生としての教育はできません。十一月、梅子は再びランマン家に戻り、山川捨松は四百キロ離れたコネチカット州のニューヘイブンに、永井繁子もマサチューセッツ州のフェアヘイブンにホストファミリーを得て移っていきました。残念ながら、年長の吉益亮子と上田貞子は、目の病気やさまざまな事情から、留学を断念して日本に帰っていきました。

梅子はここから十年余り、ランマン家の〈娘〉として生活することになったのです。

ランマン夫妻 *Lanman*

アデライン・ランマンとチャールズ・ランマン（津田塾大学津田梅子資料室所蔵）

チャールズ・ランマンは1819年にミシガン州で生まれ、豊かな自然環境で育つ。文学や芸術を愛する青年となり、東インド貿易商会で10年働いた後はジャーナリストとして活動。その後、陸軍省・内務省・国会他の図書館司書を20年以上務める。その間にも執筆活動を続け、30冊以上の著書を残した。彼が日本弁務使館の書記官になったのは1872年、梅子がアメリカに到着した年だった。

妻のアデラインは1826年、ワシントンのジョージタウンで生まれ、裕福な実業家の家庭で育つ。1849年にチャールズと結婚した時に親から2軒の家を贈られ、梅子はその1軒で夫妻と10年余り過ごした。

夫妻は日本政府や日本人留学生たちと長年交流があり、遺品の中にはたくさんの漆芸品、伊万里・薩摩・九谷などの陶磁器、弓や刀、絵画があったと伝えられている。

利発な少女サン・ビーム

梅子を迎えた時、チャールズは五十三歳、アデラインは四十六歳でした。子どものいなかった夫婦の生活は、七歳の元気盛りの少女の登場で一変します。とにかく梅子は活発で明るい子でした。

アデラインは最初に預かった時から梅子に夢中になり、日本の母・初子に手紙を書いています。「梅は覚え宜敷《よろしく》、同人《どうにん》へ逢《あい》候《そうろう》人々、何《いず》れも其《その》立《たち》居《い》振舞《ふるまい》をこのみ褒《ほ》め申《もうし》候《そうろう》。是迄《これまで》の御育《おんそだ》て方宜敷事《よろしきこと》と御《おん》うわさ申上《もうしあげ》候《そうろう》＊」。要するに、梅子は賢くしつけもきちんとできていて、会う人はみんな好感を持ち、これまでの育て方が良かったのだろうと。

幼かった梅子は言葉を覚えるのも早く、

ランマン家に預けられて間もない頃の梅子。（写真・Wikimedia Commons）

理解力があったのは確かです。そして、積極的でキュートな性格は、周りの人たちを魅了していたに違いありません。

チャールズも梅子の教育に熱心でした。勉強だけでなく、クロッケーやローンテニスなどのスポーツ、芸術、音楽、読書を通して梅子を感性の豊かな子に育てたのです。夏休みには各地を旅行して、自然の恵みを味わい、多くの人に出会う機会を作りました。後の梅子の「オールラウンド・ウーマ

＊津田仙の訳とされている。『津田梅子文書』より。

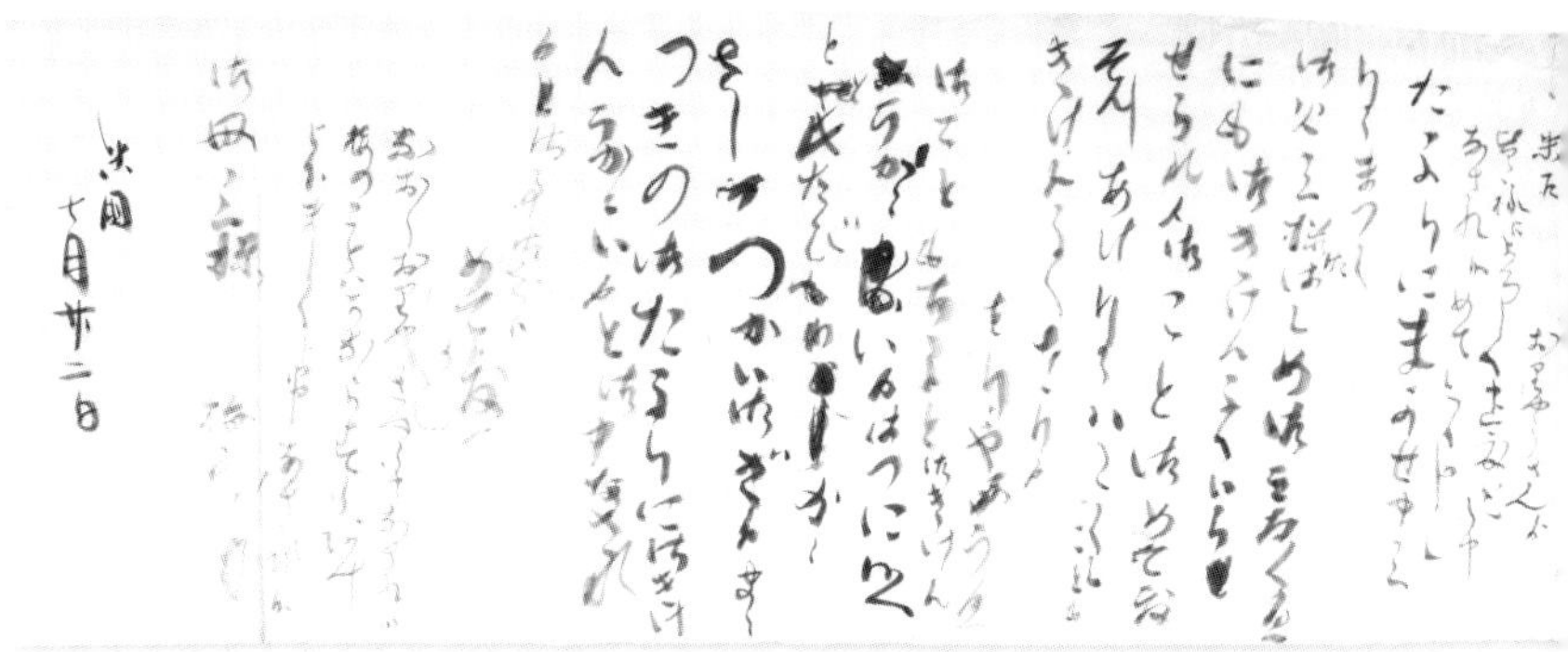

1872年7月22日付、母に宛てた梅子の候文の手紙。ワシントンの一軒家で留学生としての準備教育を受けていた頃のもので、「ランマン夫人も時々様子を見に来てくれるので安心してほしい」と7歳の梅子は書いている。（津田塾大学津田梅子資料室所蔵）

ン」の考え方はこの十年間に培われたものと考えられます。

チャールズは、梅子が将来大きな働きをする人になると見越して、その伝記を準備していたといいます。そこには「日出《い》ずる国から訪れた太陽の光《サン・ビーム》」と記し、「子羊のように陽気である」とも表現しています。

ただ面白いのは、当時半年ばかりランマン家に寄宿してチャールズから絵を習い、後に高名な洋画家となった川村清雄の記述です。アデラインが、幼い梅子の強情に手を焼いていた……と。ただの良い子ではなかった様子がうかがえます。

愛猫を「ネッコ」と名づけてかわいがっていた梅子。梅子が日本に帰ってからも、アデラインはネッコの様子を梅子に伝えていたのだそう。

ザ・トリオ　生涯の友

梅子がアメリカ留学で得たものは、愛情深いホストファミリーと、優れた教育だけではありませんでした。捨松と繁子──かけがえのない二人の友との出会いは、梅子の人生に大きな影響を与えることになります。

三人は帰国してからも、英語で本音を話し合える大切な仲間でした。自分たちを「ザ・トリオ」と呼び、立場は違っても同じ夢を共有し、固い絆で結ばれていました。

山川捨松は一八六〇（安政7）年、会津藩（現在の福島県）家老の家に生まれました。会津戦争で籠城・落城、下北半島最北端の斗南《となみ》藩への移封と極貧生活、箱館（函館）のフランス人家庭に里子に出されるなど、アメリカに渡る十一歳までにすでに壮絶な経験をしています。留学が決まった時、母は、これが永遠の別れになるかもしれないと、幼名の「さき」を、捨てて待つ……の思いを込めて「捨松」にしたそうです。

留学中、捨松は牧師のレナード・ベーコン宅に預けられ、地元の高校を卒業した後、名門ヴァッサー大学*に進み、優秀な成績で「偉大な名誉」の称号を得て卒業。卒業式では総代の一人として着物を着て演説しています。

ベーコン家の末娘アリスは捨松の無二の友となり、梅子とも生涯にわたって深い関わりを持ちます。また、捨松はベーコン牧師からキリスト教の洗礼を受け、三人はキリスト者としての絆も深めていきます。

フェアヘイブンのジョン・アボット牧師（博士）宅に預けられた永井繁子は、一八六一（文久元）年、江戸・湯島（現在の

＊1861年、女子大学として創立。1969年に男女共学となる。

留学時代の３人。左から梅子、捨松、繁子。アメリカでも家庭用カメラがある時代ではなく、子どもの頃の写真は、ほとんどが写真館でドレスアップして写したもの。ちょうど『大草原の小さな家』と同じ 1870 ～ 80 年代であり、３人もアーリーアメリカンのコスチュームが身になじんでいる。
捨松は、後に「鹿鳴館の華」と呼ばれるようになるが、それはもう少し先のこと。
（津田塾大学津田梅子資料室所蔵）

The Trio

東京都文京区）で幕府の外国奉行の家に生まれました。繁子は私立の「アボット・スクール」で大学入学レベルまでの教育を受け、ヴァッサー大学音楽科に入学。三年で卒業し、他の二人より一年早く帰国しました。彼女は大学時代に知り合った留学生で、同じキリスト者の瓜生外吉と、帰国一年後に結婚します。当時にしては珍しい恋愛結婚でした。

繁子は、西洋音楽の分野で大学教育を受けた最初の日本人にして日本初のピアニスト。演奏家・音楽教師として家庭と仕事の両立をしたキャリアウーマンの先駆者ともいえる人です。

洗礼を受ける

1873 年、洗礼を受けた頃の梅子（津田塾大学津田梅子資料室所蔵）

ランマン家での生活が始まった一八七二年十一月、梅子は地元のスティーブンソン・セミナリーという、小規模の小学校に入学しました。ここでもアデラインは、梅子の学習能力の高さと、本人が勉強好きであることに驚いています。この頃、日本の両親に、「梅子の英語も上達してきたので、梅子への手紙は今後は英語にしてほしい」とリクエストしています。

ランマン夫妻は、聖ヨハネ教会（米国聖公会）の熱心な信者で、梅子も毎週日曜学校に通っていました。ある日、梅子は「洗礼を受けたい」と、自分から夫妻に申し出ます。ランマン家に来てから、半年もたたない頃です。

「勧めたわけでもないのに」と、二人は驚きます。いつか梅子自身の考えで「時が来ればキリスト者になる」ことをひそかに願い祈っていた二人が、たいそう喜んだの

小さな伝道者　「天国の道を教えてくれたお嬢さん」

ランマン家には、黒人の使用人サーベル夫妻が敷地内に住んでいた。洗礼を受けた頃から梅子は、日曜ごとに聖書や本を抱えて彼らの家を訪ねては読み聞かせ、「熱心に力を込めて」意味を語り、祈ったという。この小さな伝道者の語る福音に彼らは熱心に耳を傾けた。やがて妻のほうが先に亡くなるが、二人は天国で会えることを楽しみにしていたという。「ほんとうにえらいお嬢さんでした。天国の道を教えてくれたのは、あのお嬢さんです」と夫のジェフリー・サーベルは、梅子が帰国した後にチャールズ・ランマンに語ったという。

は言うまでもありません。

しかし、梅子たちが日本を出発する時、皇后からの「お沙汰書」と共に、政府からの「洋行心得書」が渡されていました。そこには、異国でのキリスト教への回心は厳禁と明記されていたのです。

日本では一八七三（明治6）年二月に禁教令が解けたとはいえ、同じ年に首都ワシントンに近い教会で日本人官費留学生が受洗することは国際問題になる、とランマン夫妻は考慮したのでしょう。森少弁務使とも相談のうえ、七月、チャールズの友人で、ペンシルベニア州のオールド・スウィーズ教会のO・ペリンチーフ牧師から受洗を受けることになったのです。

ペリンチーフ牧師も梅子の聡明さに驚き、信仰の確信と受け答えが明確なので、幼児洗礼ではなく成人洗礼を授けました。

ちょうどこの頃、幼い弟が亡くなったことを知った梅子は、母・初子に慰めの手紙を書いています。「母上の慰めはただ天の神様であること……弟は天国に召されたこと、すべては神さまのおぼしめしであること……」。梅子の祈りは、二年後の仙夫妻の受洗にもつながっていくのです。

梅子が受洗した教会の講壇聖書。
（津田塾大学津田梅子資料室所蔵＝小林惠撮影）

Ume's little book
梅の小さな本

「A little girl's stories」と題した冊子と中身。
右上は、Ume's little book とアデラインによって書かれた封筒。

（津田塾大学津田梅子資料室所蔵＝小林惠撮影）

1872 年、梅子がまだ 7 歳だった時に英語で書いた「A little girl's stories(小さい女の子の物語)」。これは、日本からアメリカへの船旅を絵日記風に綴ったもので、梅子がアデラインにプレゼントした。26 ページが針金で綴じてある。中にはサンフランシスコで梅子たちが滞在した多層階のグランドホテルと、船とおぼしき挿絵が描かれている。アデラインは感激して、「これは梅が、アメリカ到着後、わずか 9 か月の時に書いたもの」と注をつけている。

別れ　帰国へ

明るく元気に生活し、毎夜寝る前にはその小さな手を合わせて祈る梅子。それを見守るランマン夫妻の優しいまなざし……。

遠く故郷を離れ、家の名誉と国の利益のために犠牲になっていると、初めは不憫《ふびん》にさえ思っていたチャールズも、預かっている責任からではなく、心から愛し慈しんで、梅子をわが子のように育てました。

アデラインは、捨松を預かったベーコン夫人への手紙にこう書いています。

「時々梅を引き取った責任の重さに身が震える……梅を正しく育てていくために、毎日の義務が果たせるようにと、ただ神に祈るだけです……私達は心から彼女を愛しています。時が来れば彼女と別れなければならないことが、私達の大きな悲しみです。」*

やがて、そんな別れの日が近づいてきました。ついに帰国しなければならないのです。

*『鹿鳴館の貴婦人　大山捨松〜日本初の女子留学生』久野明子／中央公論社

一八八二年六月、梅子はアーチャー・インスティテュートを卒業。ここではラテン語やフランス語、数学、物理学、天文学などを学び、音楽や美術も修めました。ピアノは、大統領夫人の前で弾くほどの腕前でした。

あの小さかった梅子も十七歳。自分で考え、発言し、表現するスタイルがしっかり身についた女性に成長していました。ある人からは、東洋人の顔にアメリカ人の要素が入っているようだとも言われたとか。

十月、梅子はジョージタウンのランマン家から旅立つ時を迎えました。梅子にとっては図書館であり博物館であり美術館のような、たくさんのものを与えてくれた家でした。

十一年前、「わたしだって、(日本の)父や母の元を離れるのは嫌だった」と人知れず思っていた梅子。今度は、愛情いっぱいに育ててくれた温かい家庭、アメリカの両親のもとから巣立っていく時が来たのです。

出港前日 1882.10.30 のアデラインへの手紙。梅子直筆のもの。
(津田塾大学津田梅子資料室所蔵=小林惠撮影)

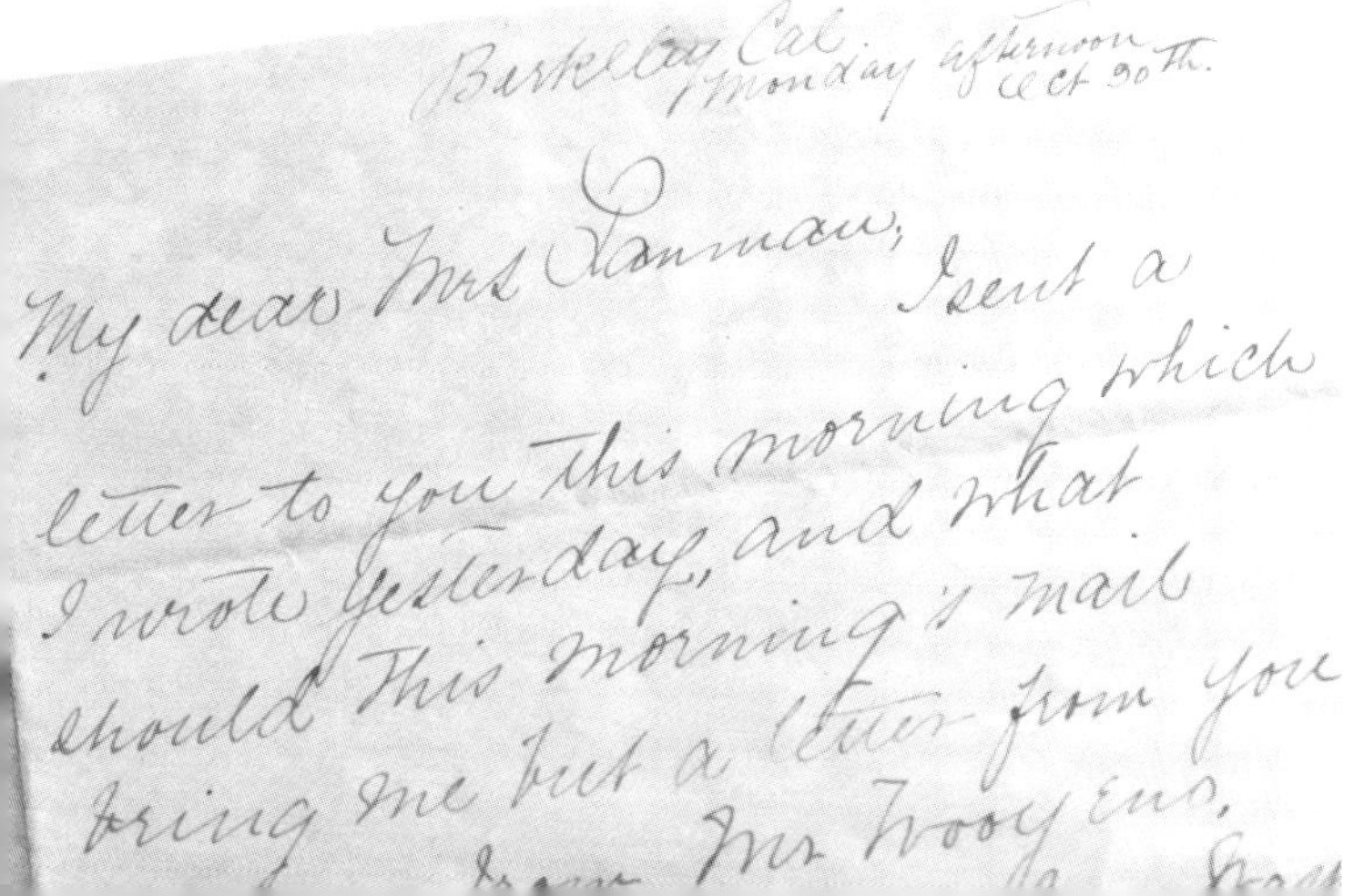
Berkeley Cal
Monday afternoon
Oct 30th.

My dear Mrs Lanman;
I sent a letter to you this morning which I wrote yesterday, and what should this morning's mail bring me but a letter from you

帰国した頃（18 歳）の貴重な和服姿。梅子は日本の美しい文化を愛し、女子英学塾開校以降（30 代半ば以降）になると和服を好んで着ていたようだ。
（津田塾大学津田梅子資料室所蔵）

3章

帰国から再留学まで。

移植された異邦人

ランマン夫妻は帰国する梅子に、今後必要になるからと、数百冊の本を持たせてくれました。さらに、所有していた名画や、ピアノまで買って送ってくれたのです。

アデラインは、梅子の小さい頃からの作文や成績表などの記録、初子から来た手紙まで、ほとんどすべてを整理して渡してくれました。これらは梅子の貴重な記録として、現在も多くが残されています。

梅子と捨松は出航地サンフランシスコに向けて、再び長い汽車の旅に出発しました。ランマン夫妻はシカゴまで、捨松と姉妹のように育ったアリス・ベーコンは遠くデンバーまで見送りました。一緒に旅ができるけれど、待っているのは永遠《とわ》の別れかもしれない……。梅子はアメリカをしっかりと目に焼き付け、「自分の国の人たちと共にいるべき」と覚悟を決めて、アラビック号に乗船しました。「すべてを神の御手《みて》にゆだね、何が起きてもそれは一番良いことだと思いましょう」*と前を向いて。

それはそれは過酷な船旅だったようです。五十回も太平洋を往復したというパーサーも、こんなに荒れた海は初めてと言うほどでした。約三週間の航海を終え、船は無事、横浜港に入港。一八八二（明治15）年十一月二十一日朝、日本初の女子留学生二人は、十一年ぶりに祖国の土を踏みしめたのです。

黄色い顔、慎ましい物腰、平坦に聞こえる日本語、アメリカ人とは違い背の低い日本人。懐かしさもありながら、梅子の目線は外国人のものでした。

出発した時とは違って、今度は汽車で品川まで移動です。港で出迎えてくれた父・

＊出港前日 1882.10.30 のアデラインへの手紙 『*The Attic Letters*』より。

あっ、教会に
忘れ物しちゃった！
引き返すって、日本語で
なんて言えばいいの？
困った～
英語
エッサ
ホイサ
この
車夫止めて！
引き返すって
伝えて！
←英語
!?
メリケンの言葉が
車夫の頭上を飛び
交うのであった…
良かった～
←英語
この方、忘れ物したので、引き返してほしいそうで～す
↑日本語
ガッテン
承知の助
へい
全くもってその通り
トホホ
アベコベで～す

仙と姉の琴子は英語を話せるので安心でしたが、麻布の実家に帰っても、あんなに恋しかった母とは直接言葉も交わせないのです。梅子は日本語をすっかり忘れてしまっていました。弟や妹たちも、洋装の梅子をもの珍しそうに見てお辞儀をするばかりです。

日本語が話せない、生活習慣が違う、考え方が違う……それは想像していたよりも大きなギャップとして梅子の心に迫ってきました。意識的にも文化的にも、当時のアメリカの標準より上に位置したランマン家で育ったのですから無理もありません。何事にも前向きな梅子にとっても、戸惑いというより苦しみを伴う衝撃だったようです。

帰国して数日後には早くもアデラインに、自分は「移植された木のようで変な感じ」＊と手紙を書いています。

＊1882.11.23のアデラインへの手紙　『*The Attic Letters*』より。

アデラインへの手紙

ラテン語やフランス語が得意だったのに、今は「言葉さえ話せたら」ともどかしく思う日々。梅子にとって日本語はそうとう手ごわかったようで、生涯苦心したようです。

日本での逆カルチャー・ショックと向き合う中で、梅子は切々と訴えるようにアデラインに手紙を書き送りました。「自分たちがまるで大海のひとしずくのような存在に感じる*1」と、価値観の異なる日本人社会での異邦人感を綴《つづ》っていますが、批判ばかりではありませんでした。

津田家では、梅子の部屋にはベッドやテーブルを入れて整えていてくれたこと。また、「家族がみなクリスチャンであることを、心の底からよかったと思っている」と喜び、「そうではない捨松は試練の中にある*2」とも書いています。

とは言っても、仙はサムライそのもので、梅子には父が君臨しているとしか思えません。ここでも、妻や娘が尊重されたランマン家との違いに苦しんでいたのです。アデラインをあまりに心配させるような泣き言は書かれてはいませんが、繁子がアデラインに送った手紙には次のようにあります。「(梅は)あなたを恋しがり、あなたの家庭を、あなたの国を……懐かしんでいます」。

アデラインは梅子を案じ、アメリカに戻って来ることも勧めますが、梅子は「ここが私の国であり……ここにいることが義務」だからそれはできないとキッパリ。梅子からの手紙が滞ると、異様なまでに心配する手紙が届きます。それをなだめる梅子。まるで、LINEが既読にならなくてヤキモキする母親のようではありませんか。

＊1と2：1882.11.27、1882.12.28 のアデラインへの手紙　『*The Attic Letters*』より。

＊屋根裏部屋のミステリー＊ Mystery

貴重な梅子史料の発見秘話

書簡が発見された時のハーツホン・ホール屋根裏部屋の写真。（津田塾大学津田梅子資料室所蔵）

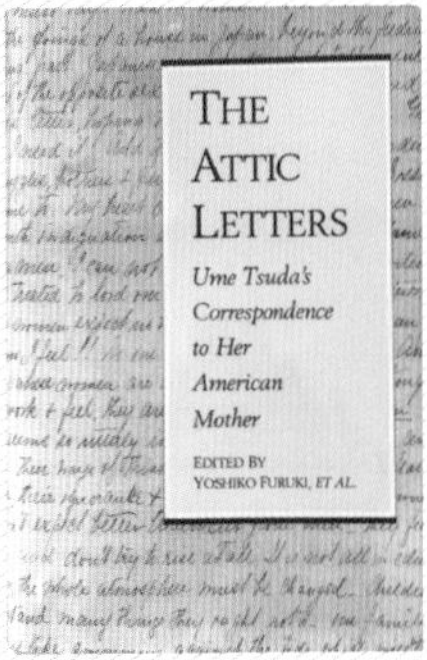

1984年1月、梅子直筆の大量の私信が発見された。見つけたのはなんと津田塾の学生だった。卒業前の学内探検にとハーツホン・ホール（津田塾大学小平キャンパス本館）の屋根裏部屋に入り、そこで偶然トランクからこぼれていた手紙を見つけたのだ。トランクにあったのは、1882年末以降、梅子がアデラインに書き送った400通を超える手紙の他、梅子の作文やブリンマー大学留学時代の資料などもあった。

発見時に立ち合った上田明子さん（津田塾大学名誉教授）によると、「大変なものが見つかった！と、ちょっとした騒ぎになりました。手紙はくっついていて、触ると破けてしまいそうで、はがす作業は専門のスタッフにお願いしました」とのこと。梅子の死後半世紀以上がたって見つかったこの「屋根裏書簡」は、梅子の心情を知る貴重な史料となった。

屋根裏には、再来日する予定だったアナ・ハーツホンの荷物が未整理のまま保管されていたが、手紙がどのようないきさつで日本に届けられ屋根裏に置かれたままになっていたのかは諸説あり、真相は謎なのだそう。

The Attic Letters : Ume Tsuda's Correspondence to Her American Mother edited by Yoshiko Furuki, et al. (Weatherhill, 1991) ＊発見された「屋根裏書簡」の一部（1/3ほど）は津田塾大学の教授たちの手でまとめられアメリカで出版された。（未邦訳）

結婚なんてしない！

梅子が生活習慣よりもっと葛藤を覚えたのは日本政府の対応でした。男子留学生たちは、帰国後すぐに要職に就いています。しかし、十一年も国費で留学していた自分や捨松には、何の対応もありません。梅子たちが帰国する前に、派遣母体である「北海道開拓使」は解散していたのです。

留学費用は一年間に約千ドル、当時は五人家族がじゅうぶん暮らしていける額でした。皇后から、帰国後は日本の女子の模範になるようにとお沙汰を頂き、国の威信を背負って渡米したのです。ランマン夫妻は、「帰国したら国の恵みとなるように」と大切に育ててくれました。それなのに……。

音楽というスキルがあった繁子は、帰国後すぐに音楽教師の職に就きました。しかも、彼女は梅子たちの帰国を待って、翌月には海軍中尉の瓜生外吉《うりゆう》と結婚していたので、経済的にも精神的にも安定した生活を送っていました。捨松も職を求めたり、女子の学校を作ろうと模索していました。しかし、「この国では女は結婚していないと何もできない」「女性の力や立場は弱すぎる」と痛感したからか、結婚への道を進み始めます。

梅子も結婚しようと思えば機会や縁談はいくらでもありました。留学経験のある世良田亮《たすく》や神田乃武《ないぶ》というハイスペックで、しかも熱心なクリスチャン青年とアメリカや日本で交流もあったのですから、結婚が第一目的なら絶対「あり！」です。でも梅子は、「妻に身の回りの世話と従順を強いて尊敬を抱かない」*日本の夫の在り方や為政者たちの乱れた生活をかいま見て、結婚がすべてとは思えなかったので

＊ 1882.12.23 のアデラインへの手紙 『*The Attic Letters*』より。

捨松の選んだ道

（写真：Wikimedia Commons）

1883年11月、18歳年上の陸軍卿・大山巌と結婚。大山は西郷隆盛の従弟で、亡妻との間に3人の娘がいた。かつての敵、薩摩藩の英雄と会津家老の娘の結婚など当時はありえなかったが、留学経験のある二人はデートを重ねて恋愛結婚。

アリスに宛てた捨松の手紙

『鹿鳴館の貴婦人 大山捨松〜日本初の女子留学生』
久野明子／中央公論社より

「ああアリス、今私の考えはぐるぐる変わります。今では、日本に住む以上は、女性は結婚しなければならないと考えるようになりました。……結婚しなければどうにもならないのです」（1883年2月20日）

「今一番やらなければならないのは、社会の現状を変えることなのです。日本では、それは結婚した女性だけが出来ることなのです。（中略）教育に一生を捧げることは厭《いと》いませんが、たとえ私の夢をあきらめたとしても何か別の方法で日本の国の役に立つことができないものかと考えるようになりました」（1883年4月5日）

「私は未来の夫のために自分自身を捧げ、あらゆる意味で良き協力者になりたいと思っています。……神の御加護のもとに私が務めを果たすことが出来るように望んでおります」（1883年7月2日）

す。不当な扱いを受けている日本女性のためにできることをしたい、教育を通して国に恩返しをしたいという思いに勝るときめきを与えてくれる人には出会わなかったのかもしれません。頑なな独身主義ではないけれど、当時としては「しない選択」は相当異質であり、覚悟のいる決断でした。

両親からはとやかく言われることはなかった一方で、繁子や捨松、それにアデラインまでもが、梅子に強く結婚を勧めていたようです。梅子はうんざりして、「もうこれ以上、結婚に触れないで」とか「忌まわしい話題」とまで、アデラインへの手紙に書いています。

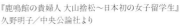

仕事がしたい！

華族女学校（学習院アーカイブズ所蔵）

下田歌子（1854 ～ 1936）

歌人・教育者。1882 年に現在の実践女子学園の基である桃夭女塾を創設。伊藤博文の仲介で梅子を英語教師として迎える。また、個人的に梅子が歌子に英語を教え、歌子は梅子に日本語を教えた。

帰国して翌春になっても道は開けず、「人生をあきらめて成り行きに任せたほうが楽」*と、気のふさぐ時をすごしていたようです。梅子は宣教師の運営する築地の海岸女学校で教鞭を執ることになりますが、それも一時期で、相変わらず病弱な母を支え、弟妹の世話をしながら機会を待つ日々。

一年がたとうとする頃、思いがけない出会いが待っていました。天皇誕生日の夜会で一人の男性が「私を覚えていますか」と声をかけてきたのです。彼こそ、当時政府の要職にあった伊藤博文でした。かつて共に渡米した岩倉使節団の一人です。伊藤は、仕事を探している梅子を自宅に招いて妻子の家庭教師を依頼し、下田歌子に紹介して桃夭女塾《とうようじょじゅく》の教師の職を世話したのです。翌一八八五（明治18）年に開校した華族女学校（後の学習院女学部、現・学習院女子中・高等科）の教師に推薦してくれたのも伊藤でした。

＊1883.5.23 のアデラインへの手紙 『*The Attic Letters*』より。

お札のセンパイ

伊藤博文（1841～1909）

上：1963～86年まで発行されていた伊藤博文の千円札
左：2024年7月から発行される梅子の新五千円札
（出典＝国立印刷局ホームページ）

初代内閣総理大臣で明治憲法起草の中心人物、つまり政界の大物だった伊藤博文は意外にも幼い頃の梅子とつながりがあった。

1863年に長州五傑《ちょうしゅうファイブ》の一人としてイギリスに留学。明治維新後の71年、岩倉使節団の副使として渡米した時、女子留学生として同船した梅子たち一行と出会ったのだ。梅子は6歳。永井繁子の記録には、「伊藤さまは、みそ漬けやちょっとした物を分けてくれ、船中の西洋料理に慣れない私たちはとてもうれしかった」とある。

帰国1年後から半年余り、梅子は伊藤の公邸に住み、彼の妻や娘に英語や西洋の習慣などを教えながら、伊藤とも談義を重ねてその人格に触れた。梅子は英語での談義を楽しみ、伊藤への敬愛をアデラインへの手紙にも綴っている。

その後、伊藤は4度にわたって内閣総理大臣を務め、日本政府の要職を歴任。1909年、中国のハルビン駅で暗殺された。梅子は、「（伊藤）公は人情を理解していた。人間性（human nature）は公が最も興味を感じたもので、政治家としての魅力はここにある」と記している。

この伊藤博文、「お札の顔」として梅子の大先輩でもある。

良妻賢母教育と葛藤

一八八五（明治18）年九月、梅子は華族女学校の教授補として正式に採用されました。フルタイムで官立学校に就職、立場と高給を得て自立した生活ができるのです。しかも、華族女学校の創設準備委員の一人には捨松がいました。自分たちの作る学校ではないけれど、夢の実現に一歩近づけたような気がして胸が高鳴りました。翌年には赤坂丹後町に家を借り、教授に昇格することもできました。

帰国してからの数年、今は繁子や捨松も結婚し、「自分だけが違う立場にいる」孤独感と、国費留学者としての責任。女子留学は「開国アピール」のパフォーマンスだったのでは？　という不信感。ここが自分の国、日本を誇りに思うと言い聞かせながらも、所々に「いつかアメリカに帰りたい……戻れたら」という表現もアデラインへの手紙にはちらほらと出てきます。

華族女学校の求めるものは相変わらず良妻賢母の育成。教えることに喜びを感じながらも、梅子の方針とは違うものでした。レベルの高い生きた英語を教えたい梅子は、「しとやかで美しく、人形のように可愛い」けれど、知的探求心がほとんど感じられない「温室の植物」のご機嫌を取りながら教育することに失望を感じます。

「かわいそうな、かわいそうな女性たち」「向上しようとは全く思っていない」と苛立ちをにじませながらアデラインに書いています。人として不当な扱いを受けているとさえ思っていない日本の女性たちに痛々しさを感じていた梅子。男性の意識を変える必要はもちろん、女性自らが目覚め

＊ミニコラム＊

明治初期、女性解放運動という言葉もない時期、教育・医療・福祉・文学・事業・芸術他さまざまな分野で血のにじむような努力をしていた女性は、梅子以外にも多い。矢嶋楫子・石井筆子・荻野吟子・新島八重・広岡浅子などなど。今日、女性が当たり前のように社会で活躍したり発言したりできるのは、彼女たちがパイオニアとして道を拓いてくれた賜物なのだ。

鹿鳴館時代の洋装の梅子
（津田塾大学津田梅子資料室所蔵）

現在の帝国ホテルの隣にあった鹿鳴館〈1883 年建築〉（写真：Wikimedia Commons）

て変わらなければ……。自分が犠牲になってでも何とかしたいという強い意思の現れなのでしょう。

当時は、文明開化の象徴だった鹿鳴館《ろくめいかん》が全盛期でした。外交目的の社交場で、伯爵・侯爵といった貴族たちの出入りする場所ですが、付け焼き刃ともいえる西洋もどきは、外国人から見ればこっけいだったようです。

英語も話せてドレスもビシッと着こなし、ダンスができる梅子も招かれて、外国人の接待をする時もありました。同じく華族女学校の教師でフランス帰りの石井（当時は小鹿島）筆子や大山陸軍卿夫人の捨松は、その美貌から「鹿鳴館の華」と賞賛されました。

鹿鳴館では、日本初の慈善バザーも開催され、捨松はその実行委員長を務め、梅子も委員の一人として活躍したのです。

カメラ片手に梅さんぽ

梅子がアリスと暮らした千代田区麹町・紀尾井町辺り。アリスは仕事が終わるとこの辺りを馬で散歩していた。

千代田区永田町の参議院議長公邸門横の華族女学校跡の石碑。梅子はブリンマー留学から帰国後はここに通った。

華族女学校に勤めるようになって初めて梅子は家を借り、自活を始めた。港区赤坂丹後町辺り。

麹町五番町校舎は今も同じ場所にあるイギリス大使館の裏にあった。現在はレストラン「村上開新堂」が立ち、その壁には記念プレートが。

晩年に暮らした品川区御殿山周辺。梅子の住居跡に建っていた原美術館(写真右手)は移転、跡地はマンションの建設中だった。

女子英学塾創設の地。麹町一番町校舎は、二松学舎大学(右手前)の裏手辺りにあった。

千代田区九段坂公園内には捨松の夫、元帥陸軍大将・大山巌の像が。すごく立派！目の前には日本武道館が。

本書編集でもお世話になった、津田塾大学津田梅子資料室。小平キャンパス星野あい記念図書館内。
開室時間：月曜日～金曜日 10:00 ～ 16:00
https://www.tsuda.ac.jp/aboutus/history/data-room.html

梅子終焉の地、梅子の別荘跡地からほど近い鎌倉市稲村ケ崎の海岸。梅子もこの浜を江ノ島を眺めながら散歩をしたのかも。

梅さんぽの腹ごしらえに、江ノ電・鎌倉駅限定、大人気の鎌倉コロッケ。

梅子が生徒にふるまったナッツのタフィーにちなんだフィナンシェ「Umeyori」。創立120周年を記念して、津田塾の地元小平市のパティスリー「フランス菓子ル・セル」(https://le-sel.net/)と津田塾生がコラボして誕生。ピーナッツの香りがふんわり。おいしい～♡

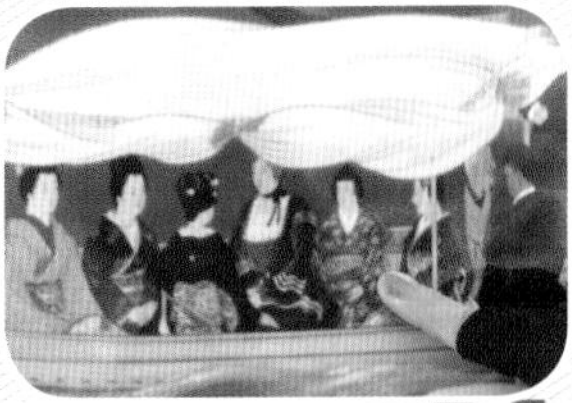

横浜港埠頭に立つ、岩倉使節団出発の地の解説板。象の鼻桟橋から小舟で沖のアメリカ号に向かう「岩倉大使欧米派遣」一行の絵。上の拡大部分の女の子が梅子！

再び留学へ

梅子は生徒たちとゲームを楽しんだり、共に聖書を読んだり、テニスを教えたりしていました。上流階級の婦人にも英語やマナーを教えていたのですが、相変わらず釈然としない思いでいました。

華族女学校で教えながら、一方で女子師範学校や高等女学校の卒業生や教師の集いに参加して、積極的に勉強をしていました。そうした中で、自分の目指す教育のカタチがよりはっきり見えてきたのです。「一教員でなく、やはり学校を作りたい！」「そのためにはもっと勉強したい！」

そのヴィジョンを実現するため、アメリカの大学に留学する決断をしたのは、アリス・ベーコンが来日してからのことです。

華族女学校がネイティブの英語教師を求めており、梅子と捨松はアリスを推薦しました。そこでアリスは、一八八八（明治21）年六月、一年の予定で来日したのです。

人物コラム

アリス・M・ベーコン

Alice・M・Bacon

（1858～1918）

（津田塾大学津田梅子資料室所蔵）

捨松が預けられたコネチカット州ニューヘイブンの牧師、ベーコン家の末娘。経済的な理由で大学進学を諦め、ハーバード大学の学士検定試験に合格して学士号を取得、ハンプトン師範学校の正教師となる。

捨松より2歳年上のアリスは、捨松の生涯の友に。梅子とも深い絆で結ばれ、梅子が開校した女子英学塾の創立・運営にも献身的な協力を惜しまなかった。

1888年に華族女学校の講師として、1900年には女子英学塾で教鞭を執るため、2度、合わせて3年余り日本に滞在。それらの経験を通して『*A Japanese Interior*』（『華族女学校教師が見た明治日本の内側』久野明子訳／中央公論社）、梅子も執筆に協力した『*Japanese Girls and Women*』（『明治日本の女たち＊』）という貴重な記録を残している（58ページ参照）。

先住民族や黒人の教育・生活などに深く関わり、60年の生涯を教育に捧げた。大の動物好きで、日本に愛犬を伴ったり、東京の住居で自分専用の馬を飼ったりしていた。捨松の幼い息子は「ベーコンちゃん」と呼んで、とてもなついていたとか。

＊この本は史料的にも評価されており、文化人類学者のルース・ベネディクトは名著『菊と刀』で日本人女性論を執筆する際の参考文献にしている。

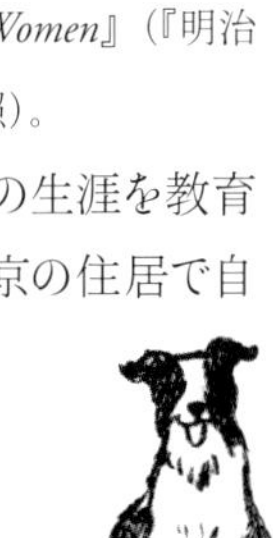

女子英学塾開学時の協力者たちとともに。
左から梅子、アリス、繁子、捨松。1901年頃。
（津田塾大学津田梅子資料室所蔵）

4章

梅子と旅する。

ワイルド・ドリーム

梅子が再び留学する一八八九（明治22）年は、社会的にも大きな出来事がありました。二月には大日本帝国憲法（明治憲法）が発布され、信教の自由が保証されました。しかしその同じ日、文部大臣・森有礼が暗殺されます。アメリカに渡った幼い頃から、日本人で数少ない理解者で相談相手だった森の死。梅子にとっても衝撃的な事件で、「恐ろしくてとても現実とは思えない」*とアデラインに書き送っています。

けれども、梅子には進むべき道がありました。前を向くしかないのです。可能性があるならもっと勉強したい。新しく学校を作るためには、知識も技術も不十分だし、大学卒業の資格や身分も必要となる……。この時も梅子はアデラインに、「一級の教師になれる準備」をするために再留学したいという、抑えがたいワイルド・ドリーム（とてつもない夢）を手紙で伝えていました。伸びてくる子どもたちを育てるのが私の天命、とまで言っているのです。

前年に来日したアリスとは、華族女学校に近い麹町紀尾井町で同居していました。同じ志と信仰を持つアリスに、梅子は将来について相談します。アリスは再留学を強く後押ししてくれ、確信を持った梅子は、幼い頃アメリカで知り合い、帰国後も文通していたM・モリス夫人に早速相談を持ちかけました。

このモリス夫人とのつながりにも、不思議な導きを感じないわけにはいきません。これまでもその後も、なんと多くの人の愛

＊ 1889.2.15 のアデラインへの手紙 『*The Attic Letters*』より。

と善意に支えられた人生だったのでしょう。自分の利益を求めず、人や社会に役立つことのために真っすぐな梅子を、誰も放っておけなかったのかもしれません。

そのモリス夫人ですが、父の仙が親しくしていたW・G・ホイットニー*が、在米中の梅子につなげてくれていたのです。

政府のお雇い外国人として来日し、後に失業したホイットニーを、仙は経営する簿記学校で雇用しました。その一家が一時帰国して住んだのが、モリス夫人の住むペンシルベニア州フィラデルフィア。そこで、ワシントン郊外に住む梅子を紹介したのです。一八八〇年のことです。

梅子からの手紙を受け取って、すぐにモリス夫人は、友人でブリンマー大学のローズ学長に掛け合いました。すると、なんと授業料と寮費の免除を即決してくれたのです。

それを受けて華族女学校も、教育研修という名目で在職のまま、つまり給与支給で二年間の留学を認めてくれました。

こうして、フィラデルフィア郊外にあるブリンマー大学入学への道が開かれたのです。

ミニコラム

＊梅子とクララ＊

梅子の再留学希望について、ホイットニーの娘クララもモリス夫人に手紙を書いて推薦してくれた。「私は……悩み事のあった津田梅子さんと一緒に祈っていた／1884年7月」(『クララの明治日記・下』一又民子訳／講談社)と、梅子が伊藤家を辞した直後のクララの日記にあるように、二人は英語で本音を話せる友人だった。また、捨松とも福祉活動などで交流があり、クララは彼女たちが日本の女性のために何かできたら、自分がしたのと同じようにうれしいとも記している。彼女は勝海舟の息子・梅太郎と結婚して6児をもうけている。

＊一橋商法講習所（一橋大学の前身）で教鞭を執った。

1890年、ブリンマー大学の寮でくつろぐ梅子〈右〉。（写真提供＝ブリンマー大学）

理想の学び舎　ブリンマー

一八八九年七月、梅子は再びアメリカに旅立ちました。もうすぐ二十五歳、今度は自分の意思で決断し、目標に向かって出発したのです。

梅子が入学したブリンマー大学は、後に〈セブン・シスターズ〉と言われた全米の名門女子大七校の一つ。捨松の卒業したヴァッサー大学も含まれています。

大学では生物学を専攻しました。教育学ではなく生物学とは意外で、梅子としては「専門的な研究をしてみたい」「自分の実力を養ってこそ新しい生活も開ける」と考え、学習意欲の湧く分野から入りました。文学少女だった梅子ですが、元来の分析的で論理的な思考は、農学者の父・仙の資質

を受け継いでいたと考えられます。

日本ではまだ女性には解禁されていなかった理系の研究。しかも、二年目の夏に参加した海洋生物学のセミナーは男女共学で、同等に学ぶ機会を得ました。二年目後半にはオスウィーゴ師範学校で、最初の目的だった教授法の勉強をします。

梅子は留学期間を一年延長し、セミナーで出会ったT・H・モーガン教授と「カエルの卵の発生」の研究をしています。モーガン教授との共同論文は高く評価され、梅子は欧米の学術誌に論文が掲載（一八九四年）された初の日本人女性となりました。教授は後にノーベル賞を受賞したので、そのレベルの高さは記すまでもないでしょう。

帰国を控えた梅子は、残って研究を続けるよう勧められます。しかし、華族女学校との約束、それ以上に日本女性への使命を改めて考え、申し出を断りました。

多くの便宜を図ってきた大学側や、尊敬するM・C・トーマス学部長からは「恩知らず」「学問研究の大切さを理解していない！」とあからさまに非難されます。梅子だって、どれだけ後ろ髪を引かれたことか。言葉や文化の壁もなく、好きな研究を思いっきりできて評価もされる、愛するランマン夫妻も近くにいるのですから。

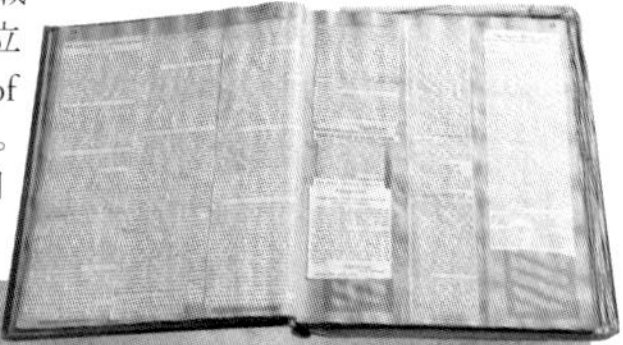

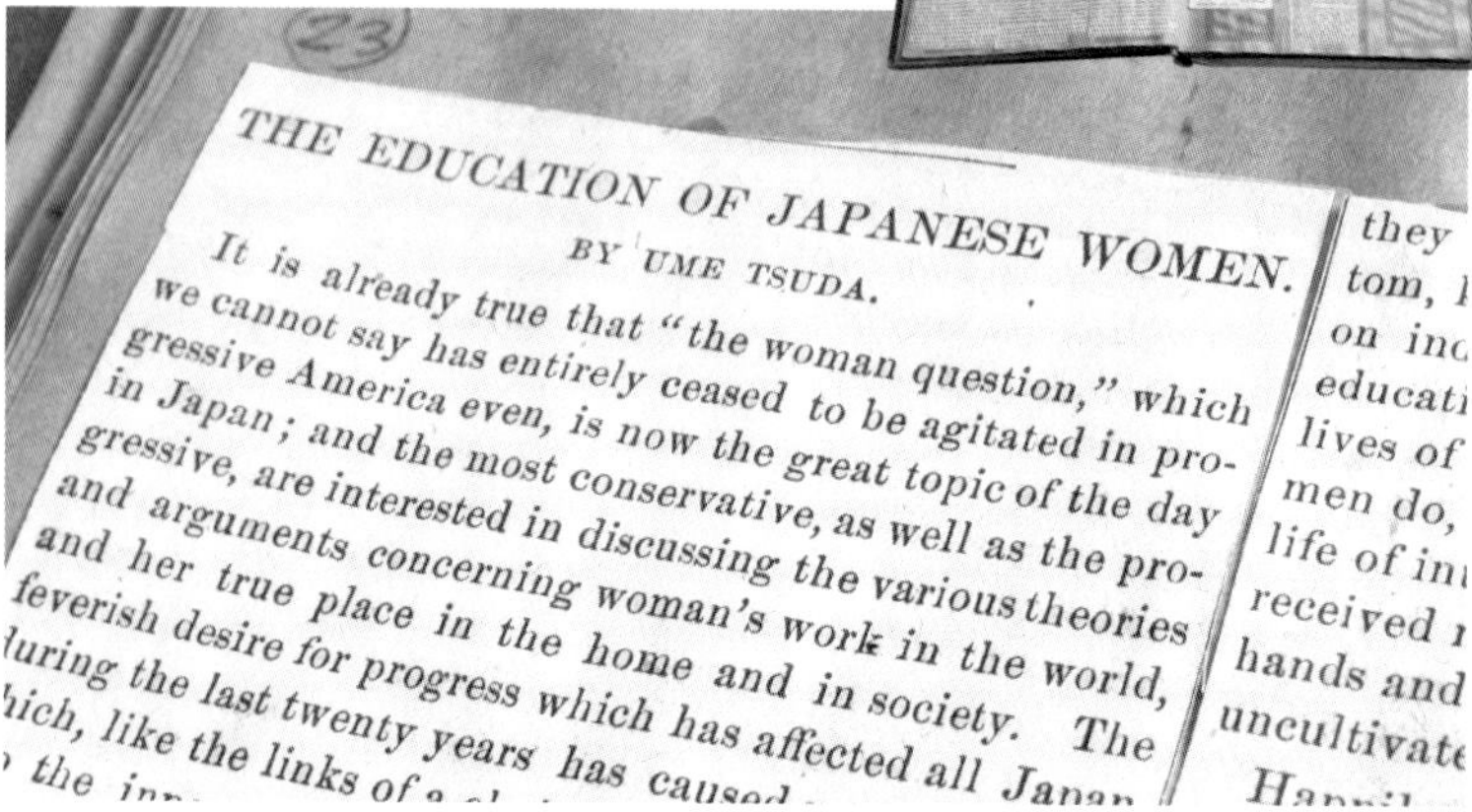

THE EDUCATION OF JAPANESE WOMEN.
BY UME TSUDA.
It is already true that "the woman question," which
we cannot say has entirely ceased to be agitated in pro-
gressive America even, is now the great topic of the day
in Japan; and the most conservative, as well as the pro-
gressive, are interested in discussing the various theories
and arguments concerning woman's work in the world,
and her true place in the home and in society. The
feverish desire for progress which has affected all Japan
during the last twenty years has caused
hich, like the links of a

they
tom,
on inc
educati
lives of
men do,
life of in
received
hands and
uncultivate

梅子が作ったスクラップブック。自分の講演内容などが掲載された記事を几帳面に整理している。写真下は奨学金設立を呼びかけた1891年8月22日の講演 "The Education of Japanese Women"（「日本女性の教育」）の記事タイトル部分。英文の原稿は『津田梅子文書』で読むことができる。（津田塾大学津田梅子資料室所蔵＝小林惠撮影）

「日本女性米国奨学金」設立

ブリンマー大学での三年間は、梅子のその後の教育者としての生涯に大きな意味を持ちます。女性の生き方としても、トーマス学部長はじめ数々の素晴らしいロールモデルに接することができたのです。

梅子の生涯を書いた作家で津田塾大学卒業生の大庭みな子さんは、一九八〇年代に取材でブリンマー大学を訪れました。梅子の留学から百年もたっているのに、大学のパンフレットには梅子のことが写真付きで掲載されていました。寄宿舎や校舎の一部は現存していて、その雰囲気は自分が学んだ頃の母校とよく似ていたと書いています。

ブリンマー大学で受けた質の高い少人数教育や精神的な豊かさ、数々の恵まれた経験を梅子は、後に続く女性たちにもぜひ

「日本女性米国奨学金」演説より

「日本の成長が片方（男性）だけに偏っている限り、半分の人々（女性）が置き去りにされながら、あとの半分の人々だけが前へ進むことを許されている限り、日本は決してほんとうに進歩することはできません。女性の地位が向上し、教育を受けるまで、日本が真に重要な地位を得ることはできないと思ってきました。女性もその権利を認められるべきで、そして社会に貢献する力となるべきです」※（　）内は編集部注

（奨学金設立を呼びかける演説「日本女性の教育」から抜粋　『津田梅子』古木宜志子／清水書院）

経験してほしいと、奨学金制度（「日本女性米国奨学金」）の設立を呼びかけ、留学三年目は、その資金集めやアピールにも奔走。この時もモリス夫人は中心となって、ネットワークを作ってくれました。帰国する頃には、目標額八千ドルが集まりました。それを基に、数年に一度は日本から女子留学生を送ることができるのです。

　この制度で明治期に留学した主な女性は、松田道（同志社女子専門学校校長）、河井道（恵泉女学園創立者）、星野あい（女子英学塾二代目塾長）他。一九七六年までに延べ二十五人が実り豊かな経験をし、日本の女子教育や社会のために貢献しました。

　ところで、梅子の帰国に怒り心頭だったトーマス学部長。この奨学金制度にも、後の塾創設にも協力し、来日した時には塾で講演までしていますから、梅子の志と覚悟を認めてくれていたということでしょう。

アリスの見たジャパニーズ・ウーマン

「……この老女とは言葉の壁があって、十分に話すことはできなかった。……別れ際に皺《しわ》くちゃだけれども美しい、か細い手を私に差し伸べてくれた。それは私の日本の思い出のなかでもとりわけ栄誉なものである」(「年老いてから」より)

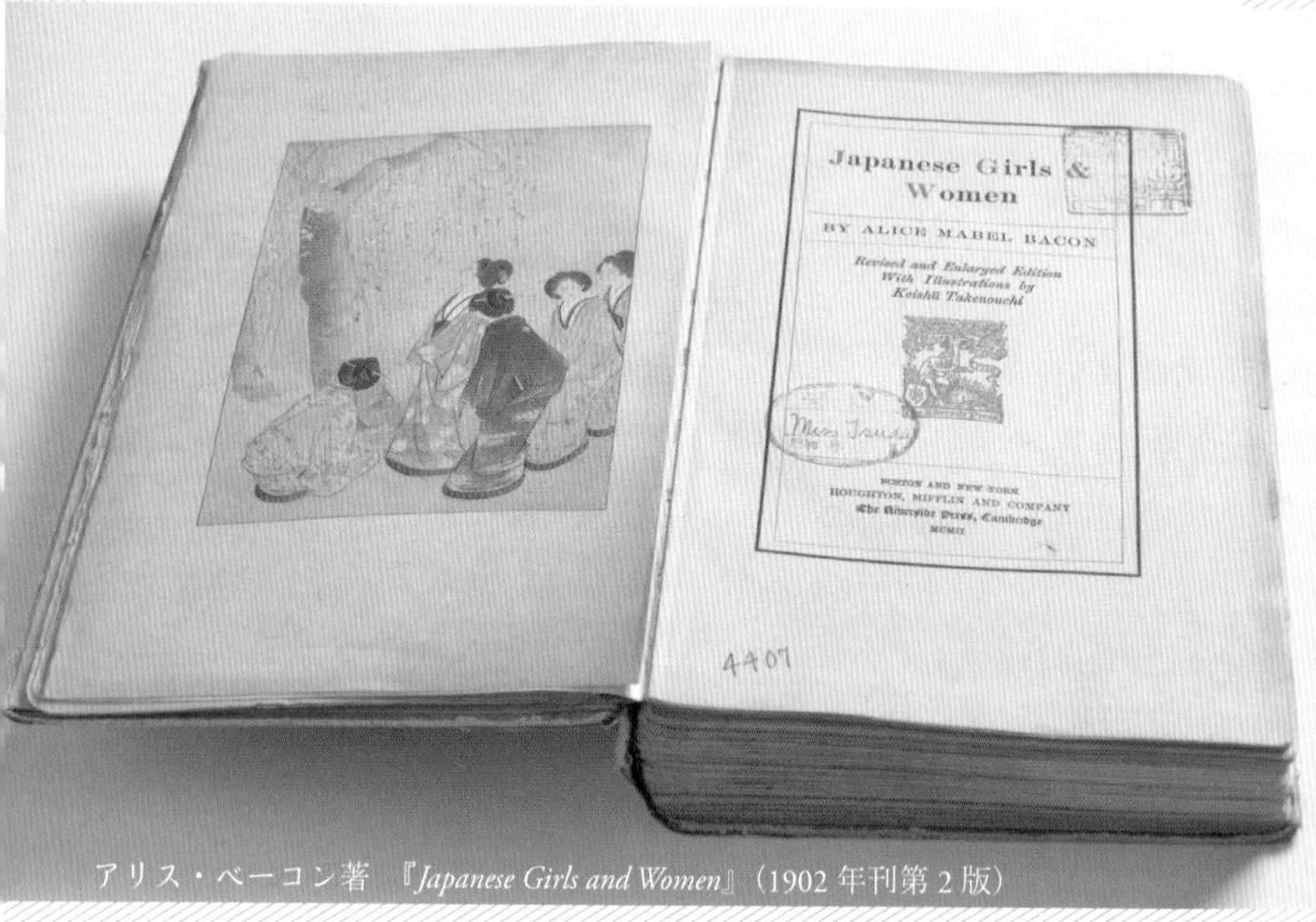

アリス・ベーコン著 『*Japanese Girls and Women*』(1902年刊第2版)

(津田塾大学津田梅子資料室所蔵=小林惠撮影)

アリスが1891年にアメリカで出版した、『*Japanese Girls and Women*』(1902年には改訂版を出版)。日本滞在中に見聞した日本女性たちについて記録したもので、ブリンマー大学に留学中だった梅子の協力を得て執筆された。邦訳も出版されており日本語で読むことができる(『明治日本の女たち』矢口祐人・砂田恵理加訳/みすず書房/2003年)。アリスの目を通して生き生きと描写された明治の女性たちの生活や風俗は、今読んでもとても興味深く面白い。上流・中流・庶民の子どもから老人まで、あらゆる立場の女性と親しく触れ合ったアリス。1年余りの滞在経験から、これほどの記録を残すパワーと見識に圧倒される。

梅子のソネット

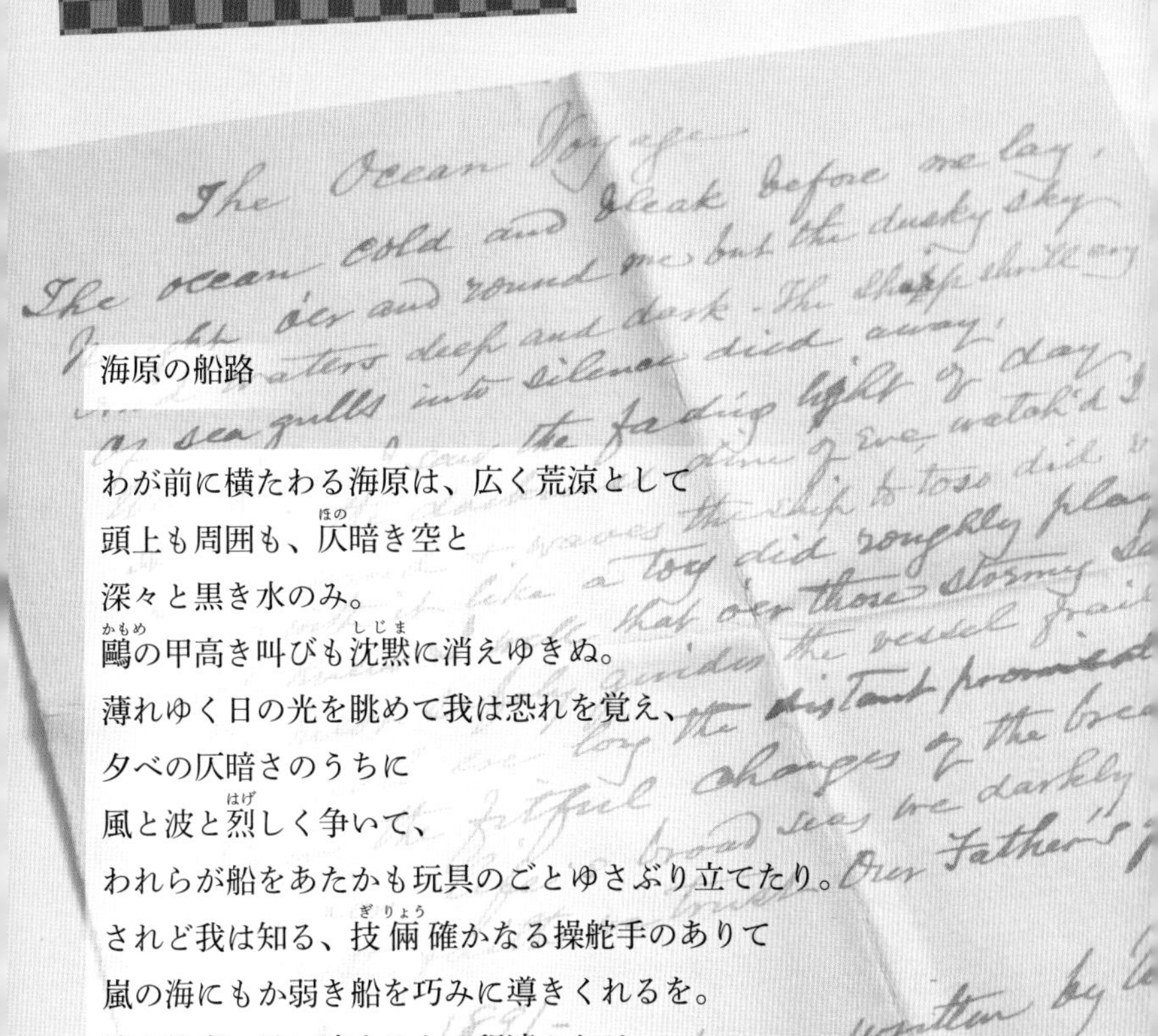

海原の船路

わが前に横たわる海原は、広く荒涼として
頭上も周囲も、仄《ほの》暗き空と
深々と黒き水のみ。
鷗《かもめ》の甲高き叫びも沈黙《しじま》に消えゆきぬ。
薄れゆく日の光を眺めて我は恐れを覚え、
夕べの仄暗さのうちに
風と波と烈《はげ》しく争いて、
われらが船をあたかも玩具のごとゆさぶり立てたり。
されど我は知る、技倆《ぎりょう》確かなる操舵手のありて
嵐の海にもか弱き船を巧みに導きくれるを。
遠き約束の地に達するも、程遠からじ。
かくて気まぐれなる風の変化にも
われら人生の嵐に暗き海原を進みつつ
われらが主の導き手を信じたてまつる。

〈佐伯彰一訳／『津田梅子』吉川利一　中央公論社より〉

＊1891年の年頭、ニューヨーク州オスウィーゴ師範学校で教授法を学んでいた時に書かれた"The Ocean Voyage"。詩を愛した梅子による、現存する唯一のソネット（十四行詩）。自分の人生を嵐の海にたとえ、神の導きへの信頼をうたっている。（写真は梅子直筆／津田塾大学津田梅子資料室所蔵＝小林惠撮影）

アナとの再会
オー！
なんという決意
不当な扱いを受けている日本の女性に、真の教育を！そのために私は一生を捧げたい
1897年2月、二人で旅した葉山にて、嵐の日の午後に。

三年間の留学を終えて帰国した梅子は、一八九二（明治25）年九月、華族女学校に復職します。ブリンマー大学では学業も人格も高い評価を得た梅子ですが、帰国すれば官立女学校の一英語教師。旧態依然とした組織の中で教鞭を執る日々でした。「嫁入り道具的な」教養を身に着けるのでなく、女性も高等教育を受けられる学校を創設するというヴィジョンが実現するまでに、さらに八年の歳月が必要でした。

この間に梅子は、明治女学校や女子高等師範学校などでも教え、経験を積んでいきます。また、英語圏に向けて日本女性の実情を発信したり情報を得たりして、グローバルな考え方もさらに養っていたのです。

そして、ブリンマー大学で出会ったアナ・ハーツホンの思いがけない来日は、その後の梅子に大きな影響を与えるものでした。

人物コラム

アナ・C・ハーツホン

Anna・C・Hartshorne

(1860 ～ 1957)

(津田塾大学津田梅子資料室所蔵)

ペンシルベニア州の美術学校で学び、梅子と同時期にブリンマー大学にも出入りしていたが、当時は顔見知り程度だった。

その 20 年余り前、1867 年に渡米した津田仙が土産にと持ち帰ったアナの父ヘンリーの著書『内科摘要』が和訳され、評判となっていた。93 年と 95 年にハーツホン父娘が来日。2 人は仙の持ち家を借りて生活していた。クエーカーの信仰を通じて新渡戸稲造夫妻とも交流を持ち、アナは普連土《ふれんど》女学校の英語教師となった。

1897 年 2 月、父が死去*。異国の地に一人残されたアナを梅子は旅に誘って慰め、同時に自分の夢も熱く語った。心を打たれたアナは、「自分には その時が女子英学塾の始まり」と記している。1902 年、女子英学塾開校 2 年後に再来日したアナは、40 年に帰国するまでの間、無報酬で教鞭を執る。関東大震災(1923 年)の時には渡米して再建募金活動に奔走し、梅子と塾を支えた。アナによれば梅子との絆は「人が享受できる最も幸福な友情」だった(『津田梅子文書』)。戦後、再来日は果たせなかったが、亡くなるまで塾とのつながりは絶えることがなかった。

*東京・青山霊園に埋葬。墓誌には「津田塾大学 恩人 ANNA・C・HARTSHORNE の父」とある。

決断

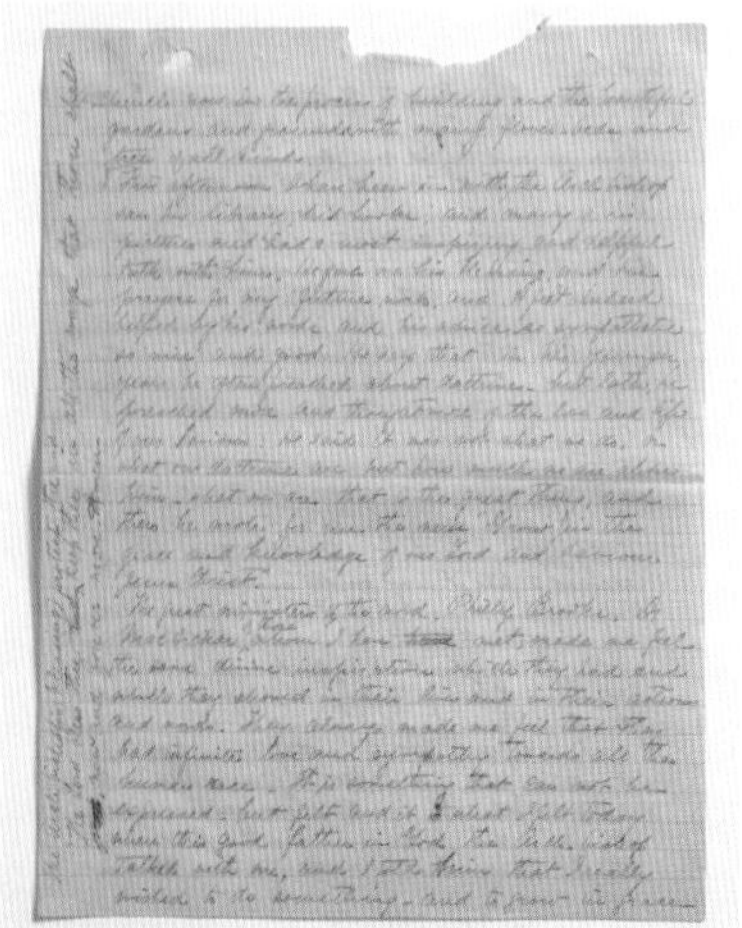

（津田塾大学津田梅子資料室所蔵＝小林惠撮影）

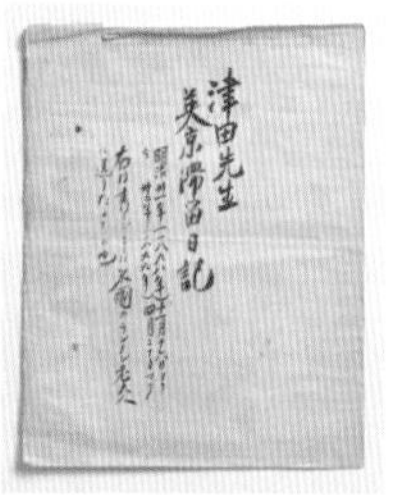

梅子が欧米滞在を日記風にアデラインに書き送った"Journal in London"。上は「津田先生英京滞留日記」と後に付された表紙。左は1898年12月29日、ヨーク大主教との出会いについて書かれたページ。横書き部分に大主教の祝福の祈りが記されている。「The Lord bless thee protect thee and keep thee in all the ways that thou shall go,now and forever more,Amen」（主がなんじを祝福し、守り、今も、とこしえまでも、すべての道でなんじをお支えくださるように。アーメン）

一八九八（明治31）年六月、梅子は三度目の渡米をします。デンバーで開催された「万国婦人クラブ連合大会」に、日本代表として華族女学校同僚の石井（当時は渡辺）筆子と出席するためでした。首相の伊藤博文や外務大臣・大隈重信らの意向で派遣が決まり、出発まで約一週間。しかも到着翌日、梅子は三千人の聴衆を前に、日本や東洋の女性事情についてスピーチしています。

一週間の大会の後、梅子は懐かしいランマン家を訪れています。三年前に夫を亡くして急激に衰えたアデラインは、どんなに喜んだでしょう。夏休みを二人で過ごし、秋には帰国する予定でしたが、今度はイギリスの著名な女性たちからの招待です。

イギリス滞在は半年にもなり、梅子はこの間、ケンブリッジ師範学校やオックスフォード大学での聴講の他、女子教育を視察する有意義な時間を過ごしました。「イギ

左：「女王よりも会いたかった」ナイチンゲールと会い、日本女性の職業、看護業界、教育事情等について語り合った。帰りに贈られた花束は、旅行中に押し花にして大切に持ち帰った。（津田塾大学津田梅子資料室所蔵）

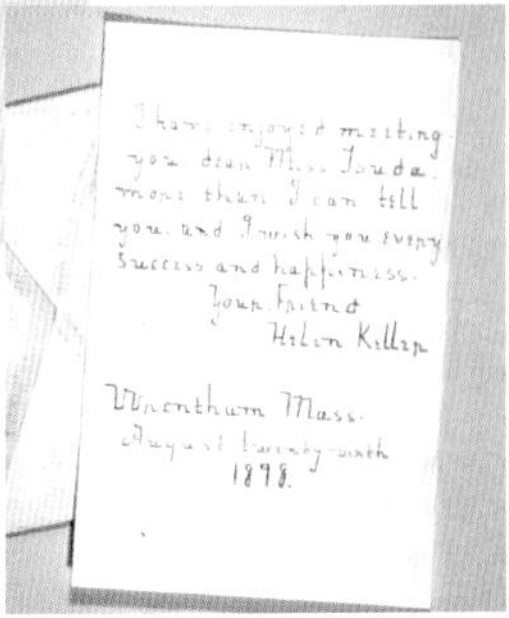

I have enjoyed meeting you, dear Miss Tsuda, more than I can tell you, and I wish you every success and happiness.
Your Friend
Helen Keller
Wrentham Mass.
August twenty-sixth
1898.

右：アメリカ滞在中に会見したヘレン・ケラー直筆の梅子宛メッセージ。梅子の成功と幸運を祈るという内容。（津田塾大学津田梅子資料室所蔵）

リスを知らずに英学校を開くのか」という言葉も気になっていたので、アメリカとの違いを実体験する貴重な機会でした。

そして、イギリス国教会高位聖職者のヨーク大主教と個人的に会う機会が訪れたのです。女子学校創立の夢を語りながらも、あまりに大きな計画への不安や、自分の信仰の弱さも梅子は正直に伝えました。すると大主教は、「キリストに似ることが第一で、それ以外には……事業も教義もない」と語り、「私たちの主であり、救い主であるイエス・キリストの恵みと知識において成長しなさい」（ペテロの手紙Ⅱ3・18）という新約聖書の言葉を書いて渡してくれたのです。大主教の深い祈りと慰めは、梅子に大きな希望と確信を与えてくれました。そういえば梅子の蔵書に、古典の『キリストにならいて』（トマス・ア・ケンピス著）があったのは、そのつながりか、とつい想像してしまいます。ちなみにヨーク大聖堂《ミンスター》は一四〇〇年代の重厚壮麗な建築が現存し、世界中からの拝観者があとを絶ちません。

また何より、八十歳の高齢で病床にあったフローレンス・ナイチンゲールとのしばしの出会いは、梅子の心に深く温かく刻まれるものとなりました。

女子英学塾開校へ

一年余りの欧米の旅を終えて帰国した梅子は、すさまじい勢いで学校創立モードに切り替えていきます。アメリカで有志による支援会が発足し多額の資金が集められたこと、アリスやアナと協力の約束を取りつけたことも大きな弾みとなりました。

一九〇〇（明治33）年七月、華族女学校と東京女子師範学校に辞表を提出。事情を知らない周囲は驚きます。官立学校教授の地位と高給を保証され、従六位《じゅろくい》にまで叙勲されていたのですから。

「困難は待ち受けているでしょう。でも、私は〝自由〟になりました」「やりたいことをやるつもり」。ブリンマー大時代の学友にこう手紙を書いた梅子。「私を勇気づけて。手紙をください」とも書き添えて。*さあ、もう後戻りできない梅子の船は、大海に向けて帆を上げたのです。

一九〇〇年九月十四日、東京市麹町区一番町十五（現・千代田区三番町）の借家で生徒十人で始まった女子英学塾。前列中央が梅子。（津田塾大学津田梅子資料室所蔵）

＊1900.8.6の手紙。『津田梅子文書』より。

梅子の開校式スピーチより

真の教育には物質上の設備以上に、もっと大切なことがあると思います。それは一口に申せば、教師の資格と熱心と、それに学生の研究心とであります。(中略)

真の教育は、生徒の個性に従って別々の取扱をしなければなりません。(中略) 一人々々の特質に、しっくりあてはまるように仕向けなくてはなりません。(中略)

婦人に高尚な働きを与えるこういう学校は、これからの婦人に無くてならぬものと考えまして、この塾を創立することにいたしました。この目的を仕遂げるために、不束乍ら《ふつつかなが》私は全力を注いで、自分のベストを尽したいと存じます。(中略)

英語を専門に研究して、英語の専門家になろうと骨折るにつけても、完《まった》き婦人となるに必要な他の事柄を忽《ゆるがせ》にしてはなりません。完き婦人即ち all-round women となるよう心掛けねばなりません。(中略)

それから何事によらず、あまり目立たないように出すぎないように、いつも淑《しと》やかで謙遜で、慇懃《いんぎん》であって頂きたい。こういう態度は決して研究の高い目的と衝突するものではありません。婦人らしい婦人であって十分知識も得られましょうし、男子の学び得る程度の実力を養うことも出来ましょう。そこまで皆様を御導きしたいというのが、私共の心からの願いであります。

＊開校式スピーチは英語で書いた原稿を梅子が日本語で語ったと言われている。
『津田塾大学 100 年史』（津田塾大学）より抜粋。

伝説の熱血授業

一九〇〇年九月十四日、「女子英学塾」と名付けられた梅子の学校は、いよいよ開校式の日を迎えました。東京市麹町《こうじまち》区一番町（現・千代田区三番町）の校舎ともいえない一軒の借家からのスタートです。

参列者は新入生十人を含めて十七人。そこには約束どおり来日したアリスの姿もあり、一緒に夢を描いてきた捨松も顧問としてこの感動的な場面に立ち会っていました。

塾長として挨拶する梅子の傍らには、十八年前、留学を終えて帰国する梅子と共に太平洋を渡ったあのピアノが……。それからの毎朝、授業前の礼拝でも、このピアノで賛美歌が捧げられてから塾の一日が始まりました。

明治女学校の校長だった巌本《いわもと》善治や、前年に『武士道』（*Bushido*）をアメリカで発表した新渡戸稲造らが開校当初から深く関わり、塾での授業や講話なども受け持ちました。教育者・宗教家として大きな影響力を持つ内村鑑三も講演に招かれています。

ミッションスクールにはしなかったけれど、講師陣を見る時、キリスト教精神がベースになっていることは明確です。そして、「オールラウンド・ウーマン」の育成という梅子の方針も多彩なカリキュラムに反映されていました。

授業は非常に高いレベルで、すでに英語を学んだり、教師経験のある学生でも、必死で予習しないとついていけず、完璧主義の梅子の授業は緊張感に満ちていたとか。女子ではまだ一人もいなかった文部省の英語教師認定試験に合格すること。それは、仕事で女性が自立する第一歩と梅子は考え、

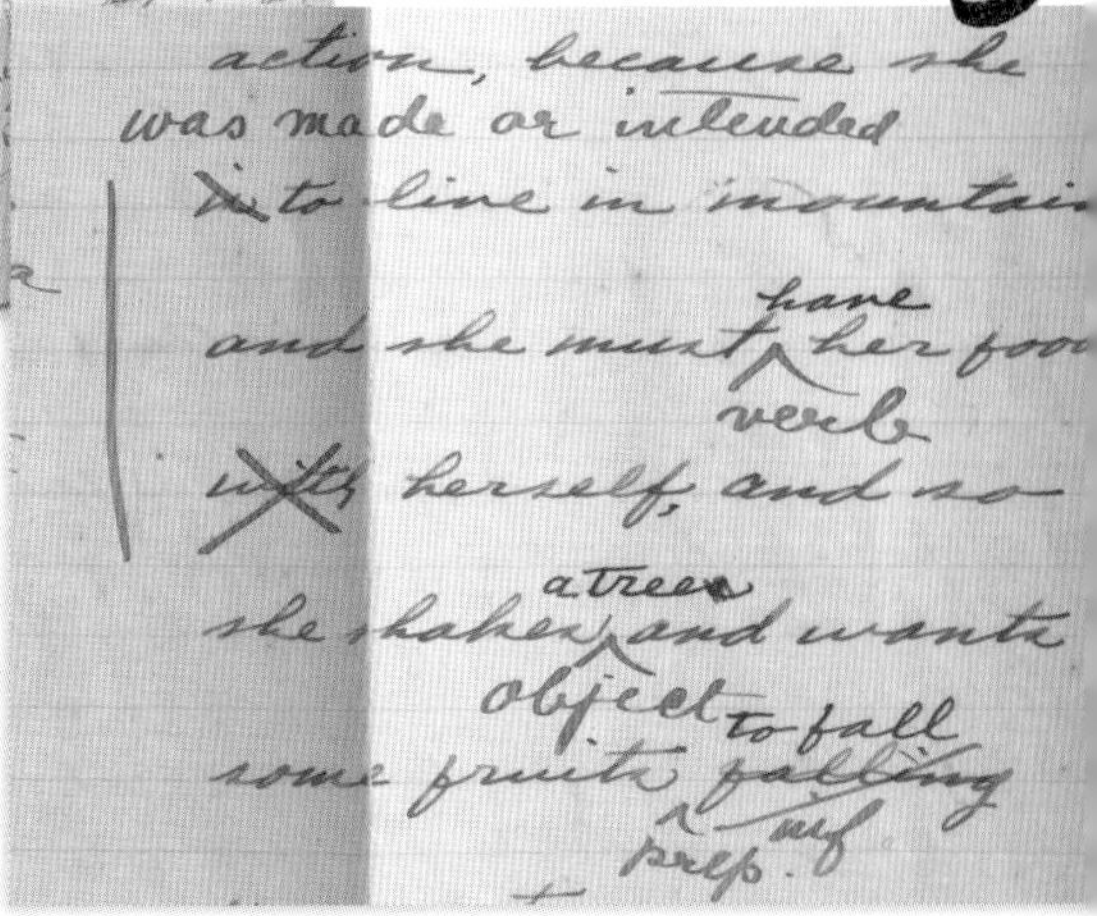

（津田塾大学津田梅子資料室所蔵＝小林惠撮影）

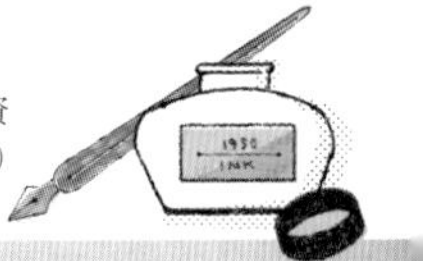

梅子が添削した英作文ペーパー。真っ赤になって返ってくるという梅子先生の厳しい赤字。この英作文ペーパーは今も津田塾大学で使われている。学生が先生のメールボックスに提出する際に入れやすい縦長の折り方が継承されている。

あえて厳しくしていたのです。それ以上に、梅子先生は教えることが大好きで熱心だったと卒業生たちは語っています。

「まあるい拳を固めて机を激しく続けざまに叩きながら『ノウ、ノウ、ワンスモア、ワンスモア』と荒々しく叫んで、何十辺となく発音を繰りかえさせられた……あの真剣な命がけの熱心さ、生徒の出来不出来に伴う子供らしい不機嫌、無邪気な笑ひ！　先生の生命はあの中にあったのだ」（一九一二年卒業・山川菊栄／女子英学塾『会報』第35号より）。

いい加減な訳をすると辞書が飛んできた、こっぴどく叱られたというエピソードだけでなく、生徒とテニスやゲームをしたり、ナッツのタフィーを作ってもらったとか、優しい一面も伝えられています。

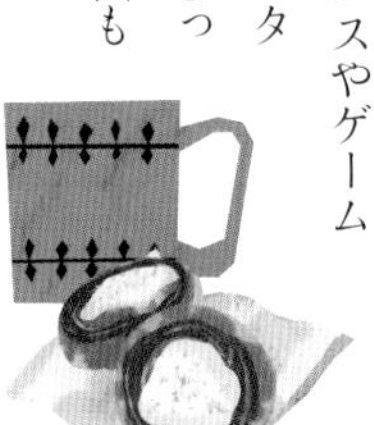

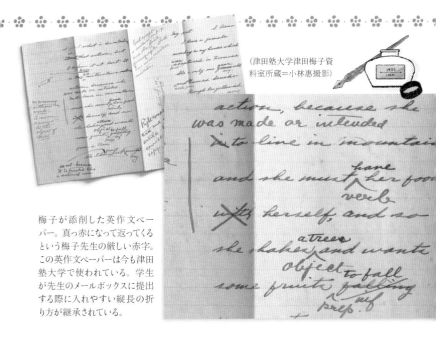

津田に学び津田を伝える人
江尻美穂子さん

津田塾大学名誉教授

私が女学校（中学）一年の時、一九四五（昭和20）年に第二次世界大戦が終わりました。八月に戦争が終わって、秋から英語の授業が始まったのです。それまでは戦争中でしたから、敵国の言葉である英語の科目はもちろんありませんでした。

英語は習ったことがなかったので興味がありました。その時の最初の英語の先生が津田塾の出身で、私はその先生がとても好きで、英語も大好きでした。津田は昔、英語の教科書を出していたのですが、先生はそれを授業で使っておられたようです。もしかしたら、その先生は梅子先生から直接教えを受けておられたかもしれませんね。

戦後は学校制度が変わって、私は新制の県立高校に通うようになりました。当時は日本にたくさんの宣教師が来られていて、高校の英語の先生をしていました。公立の学校なので、英語は教えてもいいけれどキリスト教はダメと。でも、授業を誰かが見に来るわけではなく、宣教師の先生たちは、キリスト教の話をされていましたよ。

そういう学校から津田に入り、とても熱心なクリスチャンの山崎先生（『津田梅子』〈吉川弘文館〉著者・山崎孝子）がクラス担任でした。その先生が、「ここはキリスト教精神に基づく学校だから、毎朝大学内で礼拝があって、夜の礼拝は寮でしています」と言われました。私はもう感激してしまって。「まあ、いい学校に入った」と、本当にうれしかったですね。礼拝は自由参加で、学生や先生方が出席していました。

私が入学した一九五一年当時は、学長がクリスチャンの星野あい先生でした。星野先生は梅子先生から直接学び、あとを託さ

【えじり みほこ】1932年三重県生まれ。津田塾大学卒業、トロント大学大学院修了。健康教育、精神健康学専攻。津田塾大学教授、同大学ウェルネス・センター長、日本YWCA会長を歴任。著書に『神谷美恵子』（清水書院）他。

「始まりは女学校の英語教師」

れた方です。

大先輩に聞いた話によると、創立当時はキリスト教精神に基づく教育が重視されていたそうです。寮生は日曜日など朝もゆっくり寝ていられなかったと。梅子先生が率先して教会に連れて行かれたそうです。先生はキリスト教を大事にしておられましたが、ミッショナリーのやり方とは合わなかったこともあって、ミッションスクールにはしなかった。なぜなら、信仰は最終的には自分で決めることだからです。

学生時代、大学に厚生部というのがあって、私は学内の清掃を見回ったり、健康診断の手伝いをしていました。当時、戦後で結核の学生もかなりいました。その厚生部の活動を私がしていたので教授に勧められて、卒業後は健康教育・精神健康学を学ぶためにに留学しました。学内の先生がカナダのミッションに掛け合ってくださって、二年目からはスカラシップを頂きました。梅子先生も当初から健康教育を大事にされていましたが、私もそういうチャンスを与えられて幸いでした。

私が津田塾で教員として勤めるようになってから、学内にＴＣＦ（Tsuda Christian Fellowship）というクリスチャンの学生グループが発足しました。ＴＣＦ主催の聖書研究の合宿にも参加していました。教員と学生という枠を越えて、親しく信仰の交わりができたことは本当に良い思い出です。

やがてＴＣＦの卒業生たちが中心となって「津田塾からし種の会」を立ち上げ、私は初代の会長を務めさせていただきました。からし種の会の皆さんが、梅子先生の信仰を継承し、それぞれの場でクリスチャンとして歩む姿を見ることができてうれしく思っています。

津田塾チャペル物語

緑豊かな小平キャンパスにたたずむ津田梅子記念交流館（写真左）。その一角にある岡島記念チャペル（写真左下）は1964年に建てられたもので、梅子が大切にしていた建学のスピリットを象徴する特別な場所になっている。

建学の礎であるキリスト教精神は、梅子から教え子へと受け継がれ、礼拝は大切にされた。梅子没年の翌1930年には、その志を継ぐ記念事業として、チャペル建設の募金が始まる。小平キャンパスに移転後は、礼拝は本館タワー（4階）や講堂で行われていたが、チャペルでの礼拝は学生たちの夢でもあった。募金積み立ては戦後のインフレの中でも地道に続けられ、さらに卒業生の岡島キヨさんの多額の寄付によって、計画から34年を経て、ついにチャペルは完成する。津田梅子生誕100年の年でもあった。

現在チャペルでは、授業期間中の毎週木曜に礼拝が行われている。礼拝運営をサポートするのは、学生YWCAやTCF（Tsuda Christian Fellowship）OGなどキリスト者の同窓生のグループ「津田塾からし種の会」。この会は、学長委嘱の礼拝委員として長年尽力し、日本ＹＷＣＡの会長としても学内外の活動を支えた江尻美穂子さん（津田塾名誉教授）が初代会長を務め、その後も後輩たちが引き継ぎ、母校を祈りで支えている。

パイプオルガンも卒業生の寄付による。

Chapel

梅子生誕**100**年の建設と岡島夫妻を記念したプレート。

Collection

梅子の蔵書コレクションより

（津田塾大学津田梅子資料室所蔵＝小林恵撮影）

『望の曙　使徒パウロ時代』モリス・ジェラード著／小林清三郎訳、日本基督教興文協会（1918 年）

『基督の精兵』山室軍平著、救世軍本営（1919 年）

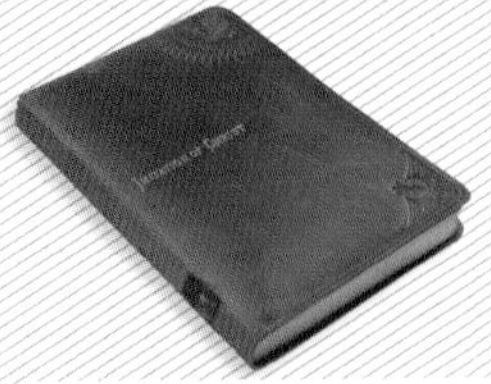

Of the imitation of Christ by **Thomas à Kempis** (1881 年)

(『キリストにならいて』トマス・ア・ケンピス)

The Songs and Ballads of Sir Walter Scott:With His Life by **Rufus W. Griswold**

梅子が11歳の時(1876年)、スティーブンソン・セミナリーで贈られたとされる優秀者への賞品。

Kept for the Master's use by Frances Ridley Havergal (1879年)

梅子の支援者の一人、M・モリス夫人より贈られた詩集。

The Pilgrim's Progress by **John Bunyan** (1870 年)

(『天路歴程』〈伝記付録〉ジョン・バニヤン)

The Iliad of Homer Translated into English Blank Verse by William Cullen Bryant (1881 年)

親友・捨松からのクリスマスプレゼント。表紙をめくった見返しに、"Ume Tsuda From Stematsu Xmas'81"と梅子による記載が残っている。

五番町校舎の図書室（津田塾大学津田梅子資料室所蔵）

＊現存する津田梅子蔵書コレクションは 380 冊余ある。文学、哲学、キリスト教関連、社会学、科学、歴史、語学、伝記などさまざまなジャンルが含まれる。女子英学塾設立当初より、梅子はこれらの蔵書を生徒たちに公開し、自由に学ばせていた。

博愛（聖愛）教会跡近くにある瀧廉太郎住居跡（東京都千代田区一番町、袖摺坂）

梅子と教会

梅子は最初の留学から帰国するまでは、ホストファミリーのランマン夫妻と、ワシントンにある聖ヨハネ教会の礼拝に毎週通っていました。＊梅子の生涯にわたって貫かれていた神を軸として考え行動する生き方は、教会とランマン家で幼い頃から養われていたと考えられます。

また、父・仙と母・初子も、梅子より二年後に洗礼を受けています。幼い梅子は、日本に伝道に行くJ・ソーパー宣教師に、ぜひ両親を訪ねてほしいと、手紙と土産物を託しました。仙がすでにキリスト教に触れていたこともあり、両親は熱心に聖書を学ぶようになったのです。

梅子は帰国後しばらくは、英語で礼拝する超教派の東京ユニオンチャーチに、捨松や繁子と通ったことがアデラインへの手紙に記されています。前述したクララ・ホイットニーの聖書集会にも、「英語で過ごせ

＊『津田塾大学 100 年史』「津田梅子とキリスト教」より。

る」安心感からよく集っていました。ここで出会った石井筆子とは生涯の友となります。

梅子は、仙が経営する学農社農学校での聖書講義にしばしば出席しています。そこには、当時のキリスト教会の草分けとなる日本人説教者たちが招かれています。その他、教派を超えてさまざまな教会や集会に積極的に参加していました。

そんな中、米国聖公会のタムソン・コール長老が、一八八九（明治22）年一月、博愛教会（現在の聖愛教会）を立ち上げたのです。創立会員となった梅子は、「やっと私たちの教会ができた！」と喜びます。筆子とともに日曜学校の担当を任され、「生徒の数も増加し、すこぶる有望……」と、教会の記録にあります。半年後にはブリンマー大学に留学して離れますが、帰国後は再び熱心に集い奉仕していました。

女子英学塾を創立してからも、「教会の進歩を助くる所少なからざりき」と教会史料にあるので、塾生たちが「日曜の朝は寝てもいられなかった」「強制ではないけど、皆、起こされて教会に行っていた」というのはこの時期のことでしょうか。

石井筆子（1861 ～ 1944）
女子教育および知的障害者の保護・教育・自立に多大な貢献をした。自身の娘3人はいずれも障害を持ち、2人は夭折。夫とも早くに死別し、後に社会福祉家の石井亮一と再婚。1886年に聖三一教会で洗礼を受けた時は梅子が教母となって立ち会っている。
（滝乃川学園石井亮一・筆子記念館所蔵）

元田作之進（1862 ～ 1928）
日本聖公会最初の日本人監督主教、立教大学の初代学長。新設された博愛教会を通じて梅子と交流があり、女子英学塾創立・運営にも深く関与・協力している。1910年の英学塾の新講堂落成式は、聖公会の礼拝形式で作之進の司式で行われた。作曲家の瀧廉太郎に洗礼を授けた。
（立教学院史資料センター所蔵）

津田塾小平キャンパス探訪

Campus

左：掲示板風景、中央右：ゲストハウス。旧学長舎としても使われた教員寮を 2000 年に改修。
中央左：星野あい記念図書館のプレート。
下：星野あい記念図書館の内観。

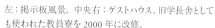

右：本館ハーツホン・ホール階段踊り場。
中央左：紅葉のキャンパス。
下：津田塾大学本館ハーツホン・ホール中庭。

＊1931年に建てられた津田塾大学のシンボル、ハーツホン・ホールは、早稲田大学大隈記念講堂でも知られる佐藤功一の設計による。2001年に東京都選定歴史的建造物に指定された。

捨松の死と関東大震災

十人の生徒でスタートした女子英学塾は、ユニークな教育が評判を呼んで、半年後には三十人を超え、その翌春には二十三人の新入生が加わりました。生徒は基本寮生活、アリスや梅子の住まいも併設されていたので、初期の校舎では間に合わなくなり、元園町、麹町五番町（現在のイギリス大使館裏）と、次々に移転しながら規模も内容も拡充していきました。

一九〇二（明治35）年にはアリスが帰国してアメリカでサポートに当たり、替わりにアナ・ハーツホンが来日。アナは、生涯を通して梅子を支え、無給で塾に尽くしました。

開校五年後の一九〇五（明治38）年には、文部省の英語教員免許認定試験が塾の卒業生は免除となりました。実績が認められるということは、当然責任も伴うので、梅子の授業はより熱血ぶりを増したようです。

同じ年に発足した東京ＹＷＣＡの初代会長に就任し、他にも社会福祉など、塾外や海外での活動も広がっていきました。

経営難の中でも、国内外のサポートやボランティア教師たちの協力もあって、塾は着実に成長していきました。しかし、長年の過労がたたって、梅子は五十二歳で糖尿病を発症。その後、亡くなるまでの十余年、脳出血などで何度も入退院を繰り返します。

一九一八（大正７）年五月、固い絆で結ばれていたアリスが亡くなりました。自分の病のこともあって、梅子は落胆します。

思うように教壇に立てなくなったもどかしさを感じながらも、梅子には確信がありました。「一粒の小さな種から成長してきた塾は、必ずこれからも成長する」。

翌年には辞任を表明し、塾で学んだ辻マツが塾長代理に立てられました。ところが、その就任式にも参列していた捨松が、スペイン風邪の治療がもとで十日後に急死したのです。数日前、病床の自分を見舞ってくれたばかりなのに……。降りしきる雨の中、梅子は介助されながら、かけがえのない友の葬儀に参列しています。

塾は成長とともに、専門学校へ、大学へと歩を進めるため、東京郊外に移転する資金集めが始まったばかりでした。そんな中で、あの関東大震災が起きたのです。

一九二三（大正12）年九月一日。その時、梅子はアナと一緒に北品川の家にいました。自宅はなんとか無事でしたが、五番町の校舎は全焼。月末、横浜港の再開と同時にアナは避難船で帰米し、それから三年というもの、必死で募金集めに奔走したのです。

校舎の焼け跡で作業する星野あい（中央）ら教職員たち。他校の校舎を借りたり、仮校舎を建てたりして授業を継続。アナは、アメリカの支援者たちから約五十万ドルの献金を携えて三年後に帰国した。

（津田塾大学津田梅子資料室所蔵）

卒業生インタビュー

曾祖母からの津田スピリット

「娘たちに着物は作ってあげられないけれど、自分で作れる力をつけてあげたい」

本郷三和子さん（1981年卒）

祖母、母、私、娘と四世代、私たちは女子英学塾、津田塾に学びました。* 祖母の母、青柳（久保）春代は一八九五（明治28）年に、明治女学校（木村熊二が創設した新進的なキリスト教主義の女学校）を卒業しています。卒業記念の写真に津田梅子と一緒に写った写真があります（左ページ）。梅子は明治女学校で教えていたことがあり、春代が梅子の教え子だったことを考えると、私たちは五代にわたって梅子の教えのもとに教育を受けたことになります。

　私が津田塾大学に入学した時、大叔母から次のような手紙をもらいました。

「母（春代）は、銘仙の着物が質屋に入ったり出たりする貧乏生活の中から、私共姉妹を津田に入れてくれました。母は言いました。『あなた方を上の学校（女子英学塾）に入れたのは、女は経済力をもたなければならないと思ったから。岐路に立った時に学問を身につけていると判断をあやまらない。……あなた方に着物は作ってあげられないけれど、自分で着物を作れるようにしてあげたかった』と」

　私の学生時代に、津田塾大学では「女性学」という授業が始まりました。「女性は結婚か仕事かどちらかを選ぶのではなく、男性が結婚しても仕事を続けるように、女性も仕事を続けることが当たり前にならなければならない」という教えを、社会の第一線で活躍する女性講師か

曾祖母・春代の娘、慶子（左：祖母）、竜子（右：大叔母）の女子英学塾時代（写真＝青柳〈久保〉春代生家蔵）

*祖母・岡本慶子：女子英学塾1923年卒、母・石田佳子：津田塾大1954年卒、娘：2015年卒。

明治女学校高等科卒業記念写真。前列中央が春代。梅子は後列右から二人目。中列左から二番目には島崎藤村の姿もある。（津田塾大学津田梅子資料室所蔵）

ら受けました。男女雇用機会均等法が一九八五年に制定される少し前のことです。私は曾祖母・春代の言葉を聞いていたこともあり、結婚しても仕事を続けることを人生の目標にしました。

卒業後は母校津田塾に大学職員として採用され、定年退職までの約四十年、教員・学生、また多くの卒業生と共に教育支援の仕事を続けました。

三人の子どもの出産当時、今のような育児休暇の制度はなく、産休後に職場復帰し、大学構内に教職員と学生で作った共同保育所に子どもを預けて、ママ友と助け合いながら完全母乳で育てました。学内の梅林の梅でジュースを作ったり、筍を掘ってご飯にしたこともいい思い出です。

仕事をリタイアした今、この年になって、曾祖母・春代が娘たちの未来に託した自立への願いを思います。春代の娘（祖母）は英学塾卒業後に英語教員になり、終戦直後はＧＨＱに翻訳・通訳者として招集されました。夫に先立たれた後も、三人の娘を女手一つで育てあげ、七十歳で退職する日まで教員を続けました。その娘（母）も私も、子どもを育てながら働き続けました。そして現在子育て真っ最中の私の娘は、留学経験を生かして、グローバルな仕事に迷うことなく邁進しています。

「私たちは当たり前のように今ここにいますが、私たちの前に、たくさんの先輩たちがおり、たくさんの女性の列があったと気づきます」――娘が卒業式に答辞で読んだこの言葉を、津田塾大学の創設者・津田梅子先生にあらためて感謝の気持ちとともに贈りたいと思います。

第一回卒業記念写真（1903 年 4 月 2 日）。後列左から 5 人目が捨松。
その右が梅子。（津田塾大学津田梅子資料室所蔵）

星野あい（1884-1972）
病床の梅子から直接あとを託され、1925 年、第二代女子英学塾塾長に就任。第二次世界大戦前後の混乱期を含めて 27 年間リーダーとして津田塾を守り抜いた。（写真：津田塾大学津田梅子資料室所蔵）

梅子の娘たち
「自分の強味を見つけなさい」

『津田梅子の娘たち――ひと粒の種子から』*という本があります。もちろん梅子に子どもはいなかったので、これは卒業生たち。ここには、女子英学塾、津田英学塾、津田塾専門学校、津田塾大学と、時代とともに名前を変えても貫かれてきた津田スピリットのもとで教育を受けた四十人が紹介されています。二〇〇一年の刊行なので、その後も新時代のリーダーたちを次々に輩出しています。

梅子が言っていた「（自分の）強味を見つけなさい」という言葉は、女性たちの可能性を広げる大きな鍵となりました。そして、遠い未来を見越した「オールラウンド教育」は教育界にとどまらず、女性解放運動、文筆、政治、学術、ジャーナリズム、精神医学、芸術、実業界など多くのジャンルで活躍・貢献する人たちを生み出しました。

＊川本静子・亀田帛子・高桑美子共著／ドメス出版

あの人もそうだった〈梅子の娘〉

小平キャンパス図書館に名前が冠されている星野あいをはじめ、120 余年の歴史が輩出した女性の一例。
●女性解放運動／山川菊栄・藤田たき●精神医学・著述／神谷美恵子●植物・園芸学／山口美智子●翻訳／中村妙子●映画字幕翻訳・通訳／戸田奈津子●政治／森山眞弓・赤松良子・山根敏子（外交官）●社会人類学・東大教授／中根千枝●作家／大庭みな子・山本昌代●実業家／南場智子（DeNA 会長）●その他、梅子の設立した留学制度でブリンマー大学で学んだ河井道（恵泉女学園創立者）●松田道（同志社女子女子専門学校校長）他。

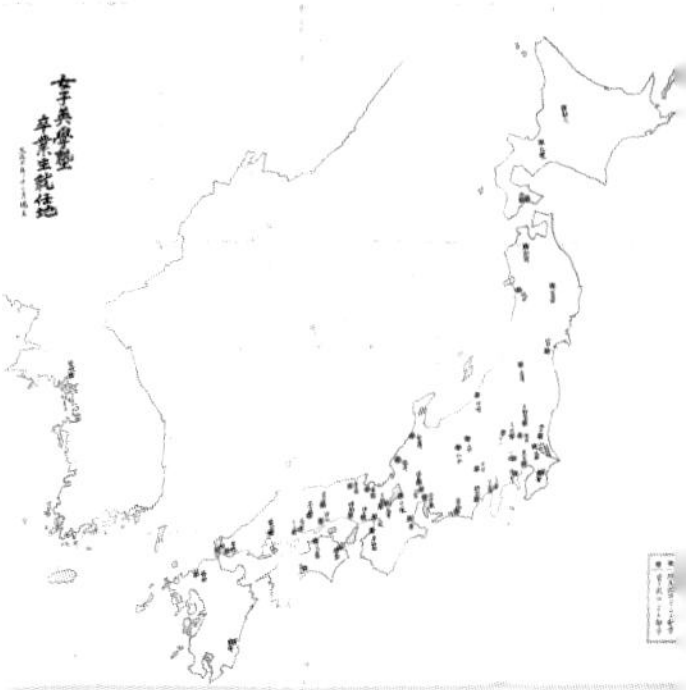

1918 年当時の卒業生の就任地。梅子は塾長室の地図に赤い印をつけて卒業生の就任地を確認していた。勤務先は主に高等女学校だった。
（津田塾大学津田梅子資料室所蔵）

また、女性初の外交官、女性初の東京大学教授、女性初の文部大臣や官房長官……。ここにも卒業生が名前を連ねていて驚きます。一九八六年施行の男女雇用機会均等法成立時、目覚ましい活躍をした官僚に卒業生が多かったことから、「津田マフィア」と呼ばれたという逸話も残っています。

梅子は晩年、病床で日記に書いています。「この永遠の世界の中で、自分や私の仕事がどんなに小さいものか……一粒の種は砕かれ地に落ち、新たな草木が生える……私も塾もそうなのか」[*1]。これは聖書の言葉、「一粒の麦は、地に落ちて死ななければ、一粒のままです。しかし、死ぬなら、豊かな実を結びます」[*2]がベースになっています。砕かれ砕かれして道を拓いてきた梅子。百数十年の後に、これほど豊かな実を結んでいることを、天国でどう思っているでしょう。

＊1：1917.6.13 の日記 『津田梅子文書』より。＊2：ヨハネの福音書 12 章 24 節

幸せをくれたライフワーク
〜アメリカの母アデラインへの手紙より〜
1902.1.22　37 歳

「ほんの数日前のこと、幼い頃にランマン家の書庫でさまざまな本に触れたことがどれほど大きな助けとなってきたかを思い、感慨に浸っていました。あの頃寸暇を惜しんで読書に勤《いそ》しんだことが、学校で受けた教育や厳しい訓練よりも、英語教師としての今に役に立っているのです。（中略）私の務めは、自分が受けたものを後代に引き継いでいくことですから、日本の女性の益となることを精一杯行っていきたいと思います。（中略）学校の働きが成功することを信じ、感謝しています。ええ、今も成功しているのです。私はそのことに、今与えられているすべてのことに、心から感謝しています。この仕事を通し、多くの幸せと友人が与えられました。これこそが私の生涯の働き、ライフワークであると信じます」『*The Attic Letters*』より〈編集部訳〉

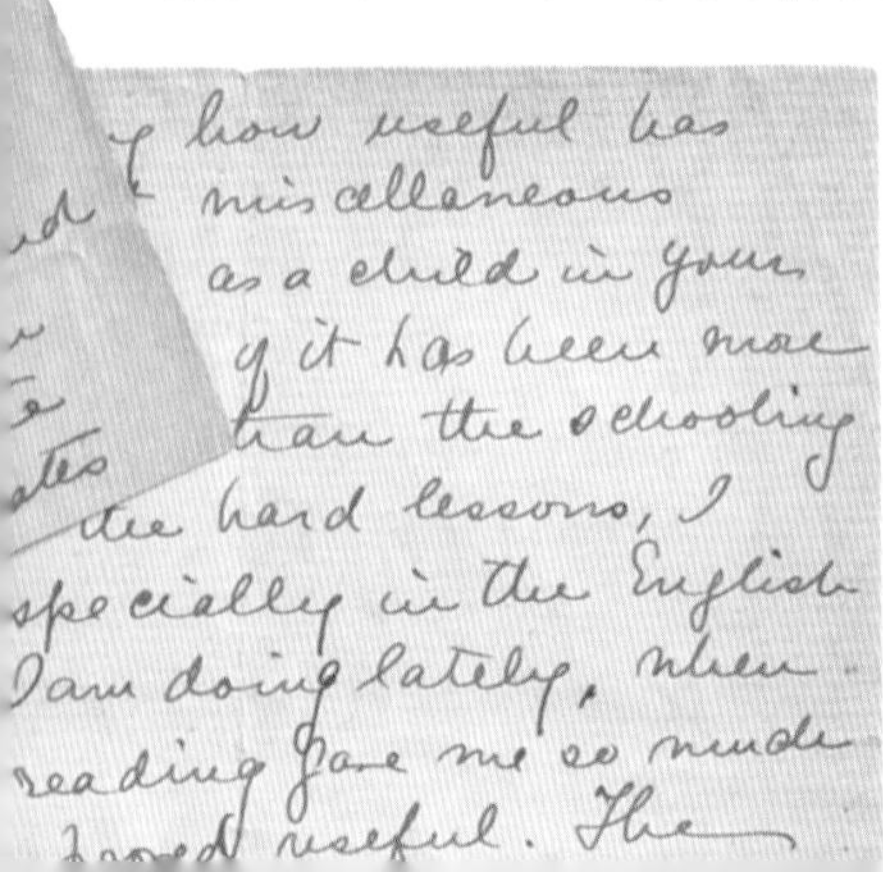
how useful has
miscellaneous
as a child in your
it has been mo
than the schooling
the hard lessons, I
specially in the English
I am doing lately, when
reading gave me so much
proved useful. The

＊写真はハーツホン・ホールの屋根裏部屋から発見され、津田梅子資料室に保存されている手紙の一部。1902 年 1 月 22 日の書簡の書き出し部分。上に掲載した翻訳部分はその続きの内容。（津田塾大学津田梅子資料室所蔵＝小林惠撮影）

梅子の言葉を読む1

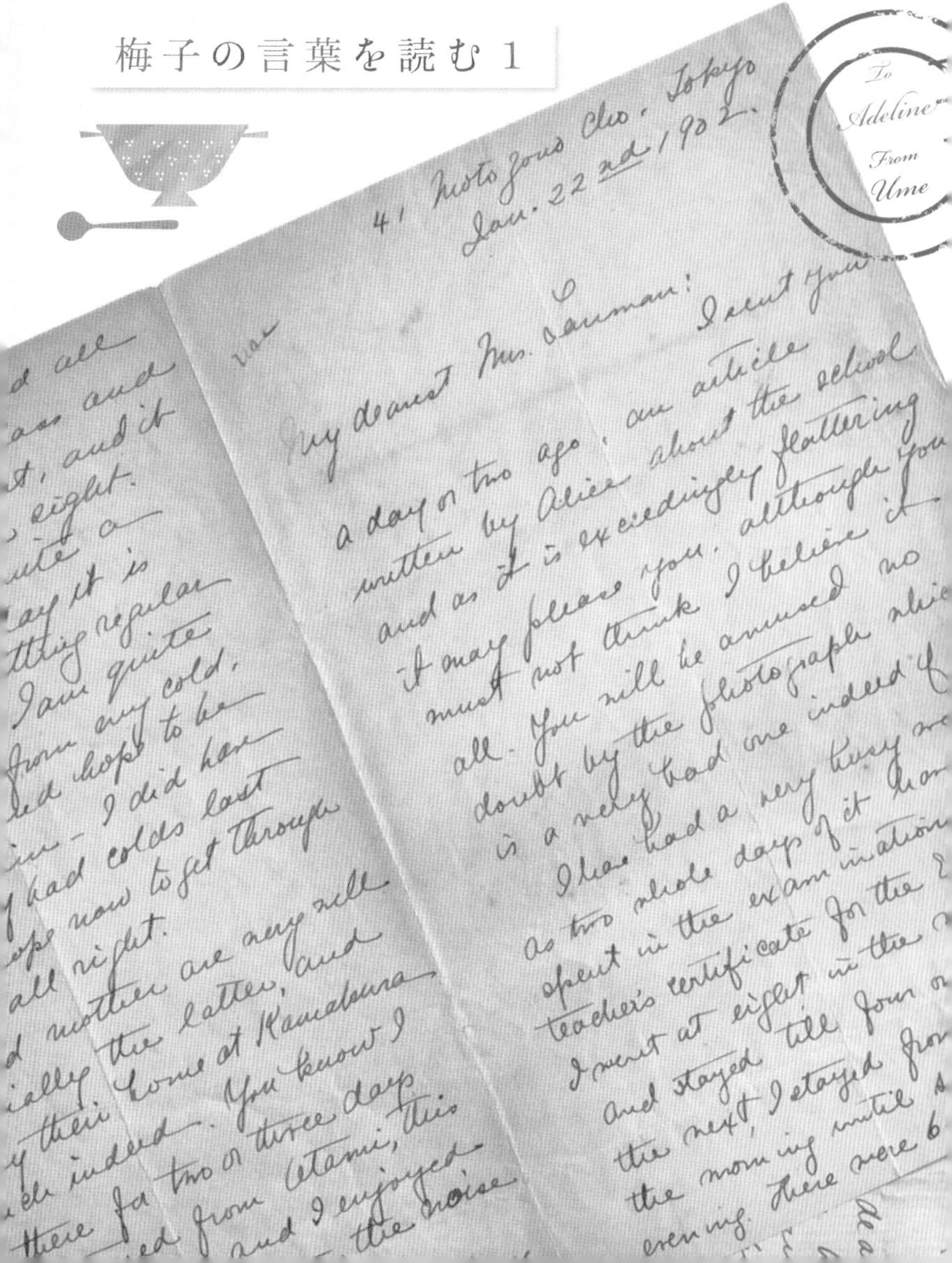

41 Motozono Cho. Tokyo
Jan. 22nd/1902.

My dearest Mrs. Lanman:
I sent you a day or two ago, an article written by Alice about the school and as it is exceedingly flattering it may please you, although you must not think I believe it all. You will be amused no doubt by the photograph which is a very bad one indeed

I have had a very busy
as two whole days of it
spent in the examination
teacher's certificate for the
I went at eight in the
and stayed till four o
the next, I stayed from
the morning until
evening. There were 6

日本に尽くすことで神に仕えたい

～大主教との出会いのあとで綴った日記書簡～

1898.12.29　33歳

「私の心が愛と思いやりであふれ、それを必要とする方々へと注ぎ出されることを望みます。（中略）私のうちには同胞への美しい愛があることを深く感じ、感謝しています。願わくはその愛をさらに深め、同胞のために働きたいと思います。そして神が受け入れてくださるならば、そのことを通して、神に仕えていきたいのです。（中略）信仰の世界は難しく、理解しようとしても私の心が拒みます。理性に基づく根拠を求めてしまい、信仰によってただ信じることを受け入れがたいと感じてしまいます。しかし、気高くきよい生活、愛と思いやり、広く福音的な無償の愛は、すべてにまさって美しく、すべての思想や理論、宗教を凌駕《りょうが》するものであり、キリストの教えがもたらすものであることは確かです。（中略）すぐれた霊的生活は、生きた火となって、他者を燃え立たせ、啓蒙することでしょう」

『津田梅子文書』"Journal in London" より〈編集部訳〉

梅子の言葉を読む 2

心はいつもそばに
～アデラインへのクリスマスレター～

1907.12.18　42 歳

「ランマンさん（訳注・Mrs.Lanman）にとってこのクリスマスが、陽気（Merry）ではなくて平安な日々でありますように。私とランマンさんが望むのは、子どもたちが過ごすような陽気なクリスマスなどではありませんものね。どうか神さまが、ご自身の平安と祝福をランマンさんに注いでくださいますように。お互い離れた場所にいますが、心は常にそばにいます。過去を振り返るのではなく、やがて必ず相まみえる望みがあることに目を注ぎましょう。私たちは皆、たとえ今若かったとしても必ず将来この世を去り、この地上におけるよりもはるかに多くの幸福を約束された国が待っているのですから。（中略）過去の日々をくよくよと思い巡らすのではなく、天の父が約束してくださっているのですから、勇気をもって未来に広がる幸福を待ち望んでまいりましょう！」『*The Attic Letters*』より〈編集部訳〉

＊この手紙は、梅子が病気療養と視察をかねて１年の休暇を取り外遊した先で書かれた。

そして愛と献身という光の導きにも従って進んでください。女性には本能として愛や献身が備わっていると言われますが、我々の愛はいかに狭いものになりがちで、我々の献身はいかに変わりやすく底の浅いものであることでしょう。

広く、深く、献身的に愛することを学べば、人生を失敗することはありません。気高い志、ひたむきな熱心さ、広く共感できる力を、少数の人々に限るのではなく、家庭という領域すらこえて多くの人々に捧げることができるならば、どんなに弱い我々でも人生を実りあるものにできるでしょう。

真実と献身という指針は、人生を無為にせず、広く社会に働きかけることのできる、有為な人になれと我々に求めているのです。みなさんは学校や教員に対して責任があります。つまり、ここで学んだことを無駄にしてはいけないのです。みなさんは多くの日本の女性より豊かな学びの機会に恵まれました。このことがみなさんにとって、そしてみなさんの周りの方々に有意義なものとなりますようにと願っております。人生の指針となる古典とそこに記された賢人の言葉は、求めれば、みなさんのものとなるのです。

みなさんお一人おひとりが、「光を見抜く洞察力　永遠の真実を理解する見識　他者を深く思いやれる共感力　暗闇を照らす信仰」を持つことができますように。

（訳・髙橋裕子）

＊このスピーチは **1913** 年 **3** 月 **29** 日の英語で語られた卒業式式辞を基底にしたもの。梅子の貴重な肉声スピーチをレコード音源から復元した **CD**「津田梅子のスピーチ」〈津田塾大学〉付録のブックレット（**2021** 年 **1** 月 **31** 日発行改訂版）掲載の翻訳文を、許可を得て転載しました。

梅子の言葉を読む 3

巣立ちゆく教え子に語る

〜女子英学塾卒業式スピーチ全文〜

1913.3.29　48歳

学校からの卒業は、これから荒波や暴風の試練に立ち向かう船の進水に喩《たと》えられるでしょう。

どのような学校であっても、学校だけで学生が社会に出る準備を完璧に行うことはできません。お一人おひとりのこれからの人生で、みなさんは自分だけで立ち向かわなくてはならないそれぞれの困難や問題に出合うことと思います。私共はみなさんが実力をつけられるよう最善を尽くしてまいりましたが、将来はみなさんお一人おひとりの手に委ねられているのです。これから歩まれる現実社会には、さまざまな試練が待ち受けていることでしょう。

けれども、豊かで幸多かれと願ってやまないみなさんの人生の航路には、暗礁に乗り上げたり、隘路《あいろ》に陥ったりしないよう、安全な道を照らす灯台の灯りや危険を警告する信号があります。そのような指針となる灯りに目を見開いて、その価値をしっかりと受け止めてください。

一つの重要な指針となる灯りは、真実です。真実という灯りは、見るのを拒もうとしなければ、我々一人ひとりの魂に光り輝いていることがわかります。それは、我々の浅薄さ、狭量さ、身勝手さ、虚栄心や嫉妬心を照らし出すとともに、他者にある善なるものを明らかにしてくれます。真実の光に従えば、高慢さやうぬぼれといった岩礁を回避できるのです。

受けてきたものを次世代に

津田塾大学学長
高橋裕子さん

「濃厚に受け継がれた津田スピリット」

今年、女性の教育者としては初めて津田梅子が五千円札の肖像になります。梅子が女子英学塾を創《つく》って、もし十年しか続いていなかったら選ばれていませんね。梅子は、学校を創立する前にまず奨学金制度を作り、自分の後継者を育てる仕組みを作っていました。五十代前半で健康を害しましたが、その頃にはすでに後継者の星野あいが育っていた。彼女は関東大震災や太平洋戦争というチャレンジを乗り切る力量を持っていた人であり、その後も続く人材が出ていました。梅子は、そういう礎を作ることに成功した人です。

創立一二〇周年記念事業の準備をするなかで、ご自分の築いた財産を大学にご遺贈くださる卒業生の方々が遺された文章を読む機会に恵まれました。卒業して五十年六十年とたっても、「あの時にお世話になった先生に今でも感謝している」「大学の四年間があったから今の自分がある」と。そして、遺産を次の世代に役立ててほしいと書いてあるのに、本当に心を打たれます。

私も四年間をこの大学で過ごしたことが、その後の人生に非常に大きなインパクトを与えた実感がはっきりとあります。津田塾は私立なので、建学の精神が濃厚に受け継がれてきました。

学生に梅子について語る時は、建学の精神が自分自身にどのような影響を与えたか、学内でどのように具現化されてきたのかを伝えるようにしています。

津田梅子は"noble"という言葉を頻繁に使っています。ノーブルとは品性とか気品、高潔さ。ある年の卒業式では"Your life will be noble, and your

【たかはし ゆうこ】津田梅子研究者、ジェンダー研究者。1980年、津田塾大学卒業。アメリカ・カンザス州立大学大学院および筑波大学大学院修了。桜美林大学国際学部専任講師、津田塾大学教授を経て2016年より同大学学長。近刊の著書『津田梅子 ――女子教育を拓く』(岩波ジュニア新書)。

education not in vain"と述べています。本学の学びを終えた学生には、ノーブルな人生を歩んでほしいと願っていたのです。高度で確かな学識は重要だけれど、高潔な人格もまた非常に重要であると考えていたのですね。そうすることで、社会的な評価とは関係なく、どのような分野の職業に就いたとしても、あなたがここで受けた教育は意味のあるものになる"not in vain"と。

自分や自分の周りの狭い範囲の利益だけに関心を持つのではなく、より広い視野を持って、個としての人格の陶冶《とうや》をすることで、社会や人々により多く貢献できるような人生を全うしてほしいと考えていたのです。これが津田梅子のスピリットであり、建学の精神の根幹として受け継がれてきました。

それは、本学が"Tsuda Vision 2030"のミッションステイトメントとして掲げた「変革を担う女性であること――弱さを、気づきに。強さを、分かち合う力に。不安を、勇気に。逆境を、創造を灯す光に」にもつながる梅子のスピリットだと考えます。

今の学生たちも、それを受け止めていると思います。多くの学生は、社会貢献できる仕事に就きたい、人と関わり、社会にプラスになる仕事や活動をしたいと願っています。梅子がいたら、「リスクをとってチャレンジしなさい」と叱咤激励を送るかもしれませんね。

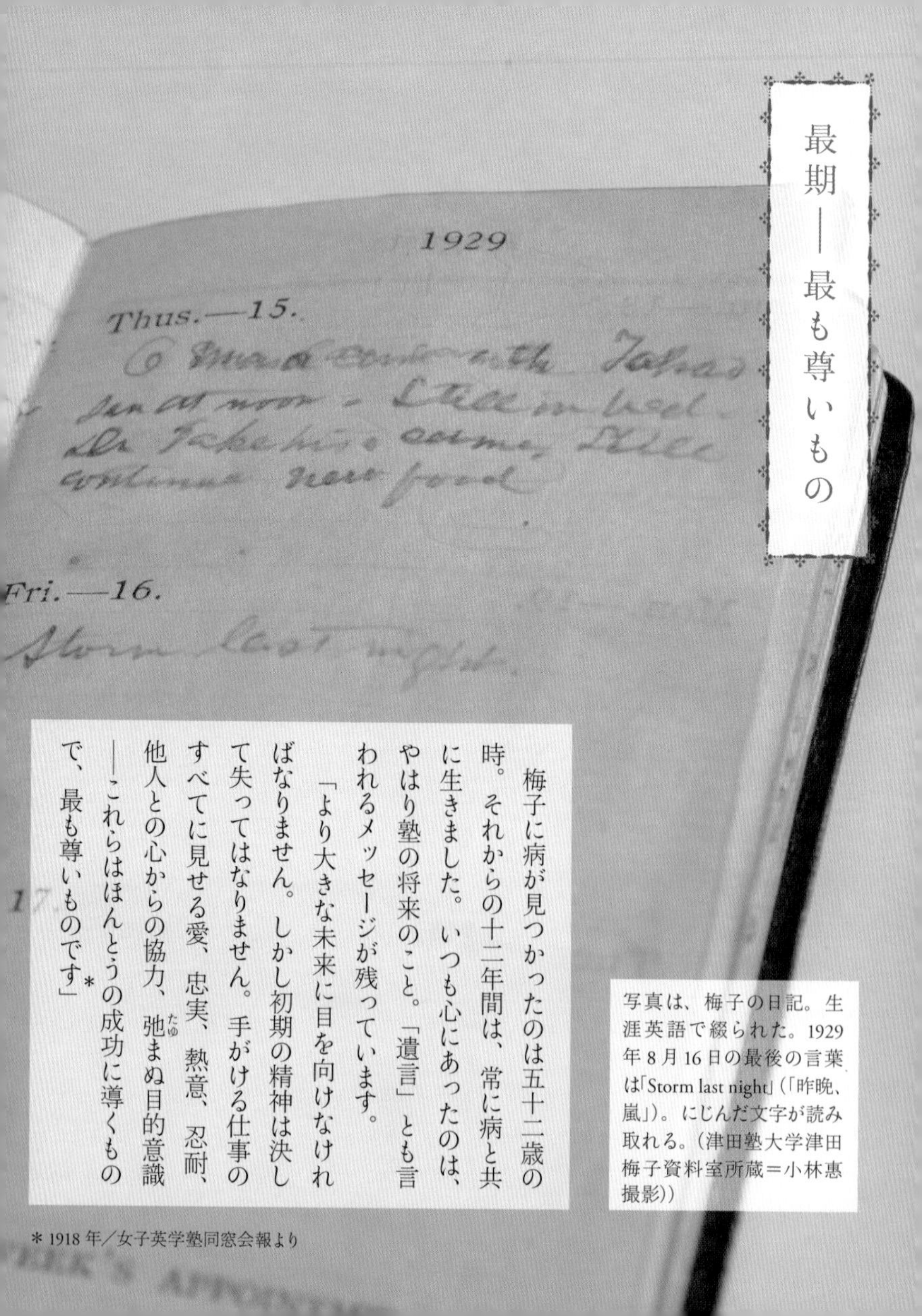

最期――最も尊いもの

梅子に病が見つかったのは五十二歳の時。それからの十二年間は、常に病と共に生きました。いつも心にあったのは、やはり塾の将来のこと。「遺言」とも言われるメッセージが残っています。

「より大きな未来に目を向けなければなりません。しかし初期の精神は決して失ってはなりません。手がける仕事のすべてに見せる愛、忠実、熱意、忍耐、他人との心からの協力、弛《たゆ》まぬ目的意識――これらはほんとうの成功に導くもので、最も尊いものです＊」

写真は、梅子の日記。生涯英語で綴られた。1929年8月16日の最後の言葉は「Storm last night」（「昨晩、嵐」）。にじんだ文字が読み取れる。（津田塾大学津田梅子資料室所蔵＝小林惠撮影））

＊1918年／女子英学塾同窓会報より

晩年の梅子（津田塾大学津田梅子資料室所蔵）

最晩年には塾の移転予定地を数回見に行っています。そして、自分は校舎の建築を見ることはできないだろうから、門だけでも先に建ててほしいと伝えたとか。

一九二九（昭和４）年八月十六日。太平洋を一望できる稲村ケ崎の小高い丘の小さな家で、梅子は最期の日を迎え、卒業生たちの手で仕立てられた白衣に包まれて棺に納められました。立ち会った教え子の山川菊栄は、「与えられた使命のゆえに、勇敢に、悔いることなく孤独の生涯を選んだ強き女性……明治時代の代表的女性の一人として、長く記憶されるであろう」*と記しています。

同月二十日午前八時、五番町の女子英学塾講堂には延べ千人が集い、「主よみもとに近づかん」の賛美の中で、梅子を天に送る式が始まりました。

*「英学会の先覚者 津田先生」『婦人公論』昭和４年10月号より

1900（明治33）年／35歳
1月、従六位叙勲。7月、華族女学校と女子高等師範学校を辞任。女子英学塾設立の認可が下り、9月、東京市麹町区一番町で開校式挙行。

1902（明治35）年／37歳
麹町区五番町の静修女学校跡地を購入、女子英学塾3番目の校舎となる。

1905（明治38）年／40歳
東京ＹＷＣＡ初代会長に就任。

1907（明治40）年／42歳
1月から12月まで、喘息他の療養と視察を兼ねてアメリカ、イタリアに旅行。

1911（明治44）年／46歳
3月、女子英学塾創立10周年式典。

1913（大正2）年／48歳
5月、世界キリスト教学生大会出席のため渡米。

1915（大正3）年／50歳
11月、勲六等、宝冠章受章。

1917（大正6）年／52歳
糖尿病を発病し、入退院を繰り返す。

1919（大正8）年／54歳
1月、塾長辞任を表明、辻マツが塾長代理に。2月、脳出血で倒れる。

1923（大正12）年／58歳
9月、関東大震災で五番町校舎全焼。

1925（大正14）年／60歳
3月、星野あいが塾長代理に就任。

1928（昭和3）年／63歳
11月、勲五等叙勲、瑞宝章受章。

1929（昭和4）年／64歳
1月、弟・純の四男の真を養子にする。8月16日、召天。東京・青山の津田家墓地に埋葬される。（後に小平の新校舎敷地内に梅子の墓地を新設）

津田梅子年表

1864（元治元）年／0歳
12月31日、江戸牛込南御徒町に津田仙・初子の次女として生まれる。
1868（明治元）年／3歳（大晦日に4歳になる／以下、実年齢表記）
明治に改元。梅子、文字の読み書きや舞踊を習い始める。
1871（明治4）年／6歳
12月、岩倉使節団と共にアメリカに出発、船中で7歳の誕生日を迎える。
1872（明治5）年／7歳
1月、サンフランシスコ上陸、2月末、ワシントンD.C.到着。ランマン宅に住む。スティーブンソン・セミナリー入学。
1873（明治6）年／8歳
7月、キリスト教の洗礼を受ける。著名な詩人H・ロングフェローと交流。
1876（明治9）年／11歳
アメリカ独立100周年記念万博見学。チフスに罹患し、3か月間療養。
1878（明治11）年／13歳
アーチャー・インスティテュート入学。
1882（明治15）年／17歳
同校卒業。11月、捨松と共に帰国。
1883（明治16）年／18歳
海岸女学校（青山学院の源流の一つ）で2か月教鞭を執る。12月、家庭教師として伊藤博文宅に住む。
1884（明治17）年／19歳
桃夭女塾で教え始める。6月、伊藤家を辞し、実家の家事を助ける。
1885（明治18）年／20歳
9月、華族女学校の教授補に就任、翌年には教授に昇格。
1889（明治22）年／24歳
1月、聖公会博愛教会（現・聖愛教会）の創立メンバーとなる。7月、在職のまま渡米し、ブリンマー大学入学。
1890（明治23）年／25歳
アリスの著書（『*Japanese Girls and Women*』）の執筆を手伝う。
1891（明治24）年／26歳
オスウィーゴ師範学校で教授法を学ぶ。「日本女性米国奨学金」委員会設立。ブリンマー大学でモーガン博士とカエルの卵の共同研究。
1892（明治25）年／27歳
同大学選科を修了し、8月に帰国。9月、華族女学校に復職。
1895（明治28）年／30歳
この頃から海外の新聞や雑誌に論文や記事を次々に発表する。
1898（明治31）年／33歳
女子高等師範学校教授となる（華族女学校と兼任）。6月、万国婦人クラブ連合大会の日本代表として渡辺（石井）筆子と渡米。11月に渡英、12月にヨーク大主教と面会。
1899（明治32）年／34歳
オックスフォード大学で聴講。4月末にアメリカに戻り、7月に帰国。

主な参考文献

吉川利一『津田梅子』中央公論社、一九九〇年
山崎孝子『津田梅子』新装版、日本歴史学会編、吉川弘文館、一九八八年
古木宜志子『津田梅子』清水書院、二〇一六年
津田塾大学編『津田梅子文書』津田塾大学、一九八〇年
高橋裕子『津田梅子――女子教育を拓く』岩波書店、二〇二二年
津田塾大学一〇〇年史編纂委員会編『津田塾大学一〇〇年史』津田塾大学、二〇〇三年
The Attic Letters Ume Tsuda's Correspondence to Her American Mother,edited by Yoshiko Furuki,et.al.,1st ed (New York;Tokyo:Weatherhill,1991)
大庭みな子『津田梅子』朝日新聞社、一九九〇年
飯野正子・亀田帛子・高橋裕子編『津田梅子を支えた人びと』有斐閣、二〇〇〇年
川本静子・亀田帛子・高桑美子共著『津田梅子の娘たち――ひと粒の種子から』ドメス出版、二〇〇一年
久野明子『鹿鳴館の貴婦人 大山捨松――日本初の女子留学生』中央公論社、一九八八年
井出孫六『いばら路を知りてささげし――石井筆子の二つの人生』岩波書店、二〇一三年
津田道夫『津田仙の親族たち』ミヤオパブリッシング、二〇一二年
「聖公会歴史資料研究会だより（基督教週報より）」聖公会歴史資料研究会、二〇二二年四月号
古川安『津田梅子――科学への道、大学の夢』東京大学出版会、二〇二二年
ジャニス・p・ニムラ『少女たちの明治維新――ふたつの文化を生きた30年』志村昌子・藪本多恵子訳、原書房、二〇一六年
津田塾からし種の会編『津田塾大学創立一一〇周年記念 もうひとつの津田スピリット』津田塾からし種の会、二〇一〇年
DVD「聖書を読んだサムライたちⅢ 時代を駆け抜けた三人のなでしこたち」ライフクリエイション（いのちのことば社）
津田塾大学公式ホームページ https://www.tsuda.ac.jp

❇おわりに❇

＊梅子の希望により小平キャンパスに建てられた梅子の墓。そばには梅林があり、学内のテニスコートからは学生たちのにぎやかな声が響く。

津田梅子――武家のお嬢様で頭も良く、あの時代にして留学までした無敵のエリート。彼女にはそんなイメージを持っていました。でも、選ばれた人には、それなりの使命と葛藤があったのです。向かい風の中を生き切った人生とも言えるでしょう。

しかし、決して孤高の人ではありませんでした。熱く激しくも、時には落ち込んだり、もろさも強さも優しさも持っていた梅子には、一緒に立ち向かう人たちがたくさんいたのです。そして何より、信仰という揺るがない基盤《ベース》がありました。

梅子が願っていた「国への恩返し」は、遠い未来の女性たち、つまり現代の日本に十分実を結んでいます。バトンを渡され、さらに複雑化した現代に生きる私たちにも、次世代へのさらなる責任があると思わされます。

フォレストブックス編集室

梅子愛用の懐中時計
（津田塾大学津田梅子資料室所蔵＝小林惠撮影）

梅子と旅する。

―日本の女子教育のパイオニア―

2024年4月1日発行
2024年8月1日再刷

フォレストブックス編集室編

執筆／熊田和子・フォレストブックス編集室

撮影／小林惠
（p 10、p 46-47、p 68、p 72、p 78、p89は編集室撮影）

ブックデザイン・イラスト／Yoshida grafica 吉田ようこ

協力／津田塾大学・津田塾大学津田梅子資料室・聖公会歴史資料研究会

＊帯写真：津田塾大学津田梅子資料室所蔵

発行　いのちのことば社〈フォレストブックス〉

〒164-0001　東京都中野区中野2-1-5
編集　Tel.03-5341-6924　Fax. 03-5341-6932
営業　Tel.03-5341-6920　Fax. 03-5341-6921

印刷・製本　日本ハイコム株式会社

ISBN978-4-264-04478-9